성공 못하면 기적이다

멘탈버스로 떠나는 성공수업

성공 못하면 기적이다

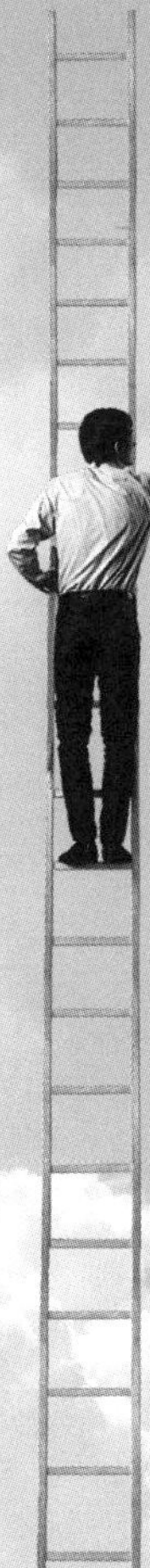

멘탈버스로 떠나는 성공수업

유광남 지음

국일미디어

프롤로그

나의 성공 시스템을
찾아라

"성공 못하면 기적이다!"

이것은 네트워크 마케팅 영역에서 새로운 역사를 쓰고 있는 유통 플랫폼 기업에서 나온 말이다. 이미 성공한 네트워커 중 한 명은 이러한 사실을 몸소 경험하고 대중 앞에 이를 부르짖었다. 그가 이토록 성공을 단언한 이유는 무엇일까?

그것은 성공의 법칙이 이미 정해져 있으며 그것을 찾는 이들은 누구나 배울 수 있게 공개되어 있기 때문이다. 이 기업의 성공자들은 대부분 이 공식을 알고 있으며 자신의 생활에 적용해서 부자의 삶을 누리고 있다.

이들의 성공 비결을 안다면 평범한, 혹은 평범하지 않은 당신도 성공의 기쁨을 누릴 수 있다.

이 책에는 당신의 성공을 위한 가상공간 멘탈버스mental-verse가 등장한다. 이곳은 '성공의 법칙', '부자의 공식'을 자연스럽게 습득할 수 있는 상상의 공간이다.

여기서 우리는 성공학의 대가들을 직접 만나 그들이 소유하고 있는 중요한 덕목들을 배울 수 있다.

이 책의 주인공 '미스터 리치'는 당신과 같은 아주 평범한 사람이다. 그는 늘 부자가 되고 싶다고 생각하지만 열정도 끈기도 성공에 대한 욕구도 별다를 것 없이 평범하기만 하다. 다시 말해 성공과는 거리가 먼 캐릭터인 것이다.

현실에서 부의 축적에 실패한 미스터 리치는 우연한 기회에 멘탈버스에 접속해 최고의 성공 전문가들을 만나게 된다. 나폴레온 힐, 데일 카네기 등 경이로운 성공철학의 대가들로부터 시간과 공간을 초월하여 성공의 고전 원리를 배운다.

성공철학의 대가들 중에는 중절모를 쓰고 콧수염을 기른 경영인 '메타'도 있다. 멘탈버스의 운영자인 그는 우리에게 평범한 인간이 성공할 수 있는 '시스템 소득'이 무엇인지를 알려준다.

우리는 멘탈버스에서 무감각했던 부자의 잠재의식을 깨우치게 된다.

어째서 우리는 부자가 되지 못하고 헤매고 있었을까? 왜 지금까지 이토록 안이하고 방탕하게 살았는가?

멘탈버스는 내 안에 잠들어 있는 성공 세포들을 자극하여 마침내는 폭발에 이르게 할 것이다.

평범한 당신을 변화시킬 수 있는 새로운 세상을 만나길 바란다. 성공의 진리를 담은 이 신기한 이야기에 당신을 로그인시키면 자연스럽게 성공학을 습득하고 당신의 성공 레벨을 업그레이드시킬 수 있다.

입문하는 그 순간부터 당신의 운명은 행운으로 바뀐다.

서점가에는 성공 관련한 동기부여 서적이나 자기계발 서적, 경제경영 서적들이 차고 넘친다.

그러나 그 책들은 우리와 같은 일반인들이 실천할 수 없는 내용의 실천을 강조한다. 분명 그 책들은 특별한 사람들을 위한 성공 서적일 것이다.

이 책은 '성공 못하면 기적 시스템'으로 성공하길 원하는 이들을 위한 책이다. 긍정의 마인드, 행운의 컨트롤, 조직의 힘 등 아주 평범한 사람이 원대한 시스템 속에서 성공할 수 있는 방법이 적혀있다.

이것이 '나의 성공 시스템'이다.

이 책을 통하여 '나의 성공 시스템'을 각자 소유하길 간절히 바라며 이제는 가난해지고 싶어도 가난해질 수 없는 경제적 자유를 누리는 당신과 만나기를 희망해 본다.

끝으로 출판에 있어서 조언과 격려를 아끼지 않았던 국일미디어 편집진에 감사드린다.

Mr. 리치 RICH

영끌족_{영혼까지 끌어 모아 투자한 이들}의 일인으로 망해버린 인생을 재기하기 위하여 '성공 못하면 기적 시스템'의 회원으로 가입을 했다. 우연히 들어온 멘탈버스에서 '나의 성공 시스템'을 배워 진정한 부를 쟁취하고자 한다.

메타 META

국내 최고 네트워크 마케팅 플랫폼의 일인자이자 멘탈버스의 운영자다. 일명 꿈꾸는 메타 사피엔스라 불린다. 무일푼으로, 신용불량자로, 병든 몸으로 '성공 못하면 기적 시스템'을 글로벌로 성장·성공시켰다.

데일 카네기 Dale Carnegie

1888년 미국 출신의 자기계발서 작가이자 강사다. 절망의 끝에서 자신의 역경과 운명을 스스로 개척했으며 세계최초로 본격적인 동기부여와 성공철학 도서를 집필한 사람이다. 본인의 업적을 바탕으로 인간관계의 정석을 세상에 소개했다.

나폴레온 힐 Napoleon Hill

위대한 작가가 될 것이라는 예언의 말을 들으면서 성장했다. 학비와 생계를 위해서 힘들게 살던 그는 당대 세계 최고의 부자인 앤드루 카네기를 만나면서 운명이 바뀌었다. 〈생각하라 그리고 부자가 되어라〉라는 불후의 성공 명작을 탄생시켰다.

포르투나 Fortuna

사람의 운명 수레바퀴를 관장한다는 운명의 여신으로 신비한 능력을 소유하고 있다. 멘탈버스의 '운'를 총괄하며 리치에게 '운'을 부르는 기술, '운'을 거역하는 비법 등에 대해서 안내한다. '자신의 운이 나쁘다면 거역하라.'는 조언도 전한다.

미네르바 Minerva

멘탈버스의 아바타로 그리스 로마 신화에서는 지혜의 여신으로 알려져 있다. 본래 신분은 망한 오리탕 집의 여주인으로 메타의 '성공 못하면 기적 시스템'을 통하여 현재는 부자의 삶을 살아가고 있다.

리베르타스 Libertas

자유로운 영혼을 소유한 나눔의 여신이다. 그녀는 네트워크 마케팅을 매우 부정했었다. 하지만 오늘날의 그녀를 화려한 백조로 변화시킨 것 역시 네트워크 플랫폼이었다. 10억 원의 거금을 일시에 기부한 진정한 자유의 여신.

아라크네 Arachne

재봉기술을 평생 업으로 삼아 살아가던 여인의 꿈은 세상 밖으로의 외출이었다. 그녀는 메타의 시스템을 통하여 바느질을 하듯이 자신의 네트워크, 그물을 짜기 시작했다. 방 안에 있을 때는 그저 옷을 만들었으나 이제는 자신의 세계를 부유의 거미줄네트워크로 형성했다.

아폴론 Apollo

'성공 못하면 기적 시스템'의 중추적인 역할을 수행한 백발신사로 인문학적 영험의 소유자이다. 그리스 로마 신화의 신 아폴론이 주관하는 분야는 태양·예술·궁술·의술·음악·이성理性·예언·광명 그리고 진실이다. 탁월한 도덕성의 화신, 문명의 시혜자로도 찬양받는다.

소크라테스 Socrates

'네 자신을 알라.' 위대한 철학자이며 사상가인 그는 '걸어 다니는 아테네의 양심'이었다. 타락하고 부패한 도시를 몰락으로부터 구원하겠다는 사명감에 죽음도 두려워하지 않는 용기를 발휘하여 스스로 독배를 마시게 했다. 멘탈버스에서 아바타로 부활한 소크라테스는 이제 지구를 구원하고자 한다.

차례
CONTENTS

PART 3 승리를 좌우하는 조직의 힘

PART 4 절망의 끝에서 희망을 찾다

차례

CONTENTS

PART 5 운(運)의 연금술

PART 6 부자보다 부유해지는 소크라테스의 철학

PART 7 인생의 균형을 잡는 지혜

PART 8 나의 성공 시스템

PART 1
당신의 성공을 위한 멘탈버스
Mentalverse

"누구나 자신의 시스템을 창조할 수 있다.
바로 당신이 당신의 주인이기 때문이다."

반드시 찾는다!
나의 성공 시스템

우리는 탄생하는 순간부터 죽을 때까지 선택의 굴레에서 자유롭지 못하다. 대박을 예상하고 구입한 주식에서 반 토막을 경험했다. 가상화폐가 대세라고 해서 코인을 선택했다가 투자금을 그만 왕창 떼이고 말았다.

돈을 벌고 싶어서 나름대로 열심히 알아보고 투자했으나 빚만 졌다. 부동산 경매의 유혹도 받았으나 그건 전문성도 필요하고 최소한의 자본이 요구되는 바람에 포기했다.

성공이란 단어는 나 같은 보통 사람들에게는 먼 나라 이야기일 뿐이다. 세상에 아무리 많은 부자가 존재한다 하더라도 난 부자가 되지 못할 것 같았고 기회도 없으리라 생각했다.

절망감에 정처 없이 떠돌고 있을 무렵 나는 우연한 기회로 가상의 공간에 들어오게 되었다. 현실을 잊고 싶다고 생각하던 찰라 눈앞에 가상세계의 입구가 보였다.

입구에는 '시스템 소득을 만들어 준다'는 얘기가 쓰여있었는데 '소득'이라는 말을 본 나는 도무지 그 가상세계를 피해갈 수가 없었다. 어느새 발을 뻗어 입구 안으로 들어가고 있는 나였다.

멘탈버스에 오신 걸 대단히 환영합니다. 어떤 코스를 희망하십니까?

"나의 성공 시스템"

여기서도 또 뭔가를 선택해야 하는 건가?

그 외에도 '부자의 길', '투자 귀신', '정상에서 만납시다' 등이 있었는데 난 '나의 성공 시스템'을 선택했다. 앞으로 반드시 필요한 것이 소득을 가져오는 시스템이라는 것을 인지하고 있었기 때문이다.

망설이지 않았다. 완전히 가상세계에 넘어오자 캐릭터와 아바타를 정하는 화면이 떠올랐다. 난 그중에서 마음에 드는 아바타를 설정하고 이름도 정했다.

"내 이름은 카네기요. 인상이 좋아 보이는 당신은?"

멘탈버스의 공간에서 생면부지의 아바타, 슈트 복장에 은빛 테안경이 빛나는 인물이 내게 다가와 물었다. 나는 그 신사 아바타의 반듯한 자세에도 놀랐으나 더 의외인 것은 그가 스스로 카네기라고 소개한 점이었다. 과연 그의 아바타 상체 부분에는 Carnegie란 표시가 떠올라 있었다.

"카네기요? 아하……여기가 가상세계라서 당신을 만날 수 있군요. 강철왕 카네기! 저도 당신과 만나 운명이 달라진 나폴레온 힐 선생님처럼 되고 싶습니다. 저의 이름은 리치라고 합니다."

정장의 신사 카네기는 웃으며 나와의 대화를 정정했다.

"오호, 리치 아바타! 정말 실례했소이다. 미안하지만 난 앤드류 카네기가 아니라오. 종종 오해를 받고는 하는데 난 데일 카네기입니다. 하핫."

와우! 내 눈앞에 있는 이 신사가 정말 데일 카네기라고? 나는 놀라서 잠시 할 말을 잃었다. 데일 카네기 아바타는 훌륭한 미소로 나의 실수를 이해해 주었다. 그가 '인간관계론'의 저자인 것이 실감 나는 순간이기도 했다. 데일 카네기Dale Carnegie는 1888년 미국 미주리 주에서 가난한 농부의 아들로 출생해서 다양한 직업을 두루 거치며 어려운 환경에서 독학으로 대화 및 연설 기술을 습득하였다.

그는 1912년 YMCA에서 성인들을 대상으로 하는 강연을 하면서 일생일대의 전환점을 맞이한다. 풍부한 실용 사례와 원칙을 중

성공 못하면 기적이다

시하는 그의 강의는 새로운 학문으로 떠올라 대중들의 폭발적인 지지를 얻게 된 것이다. 그 당시까지는 성인들에게 인간관계에 대해서 제대로 알려주는 강의 내용은 전무全無한 실정이었다.

대중들은 열광했다. 그의 강연은 생생한 자신의 경험과 성취를 나누는 나눔의 장으로 활성화되었고 이것을 계기로 데일 카네기는 연구소를 설립하여 인간 경영과 자기계발 분야에서 기념비적인 업적을 남겼다. 처세, 자기관리, 화술, 리더십 등에 대한 그의 가르침은 '친구를 만들고, 사람을 설득하는 법'이라는 제목으로 1936년 처음 출간되어 세상의 주목을 받았다. 데일 카네기의 이 책은 이후 〈인간관계론〉으로 유명해지기 시작했으며 그때부터 현재에 이르기까지 출간된 모든 자기계발 서적에 영향을 주었고, 지금 현재까지도 헤아릴 수 없이 많은 사람에게 동기를 부여하여 성공을 안내하고 있다.

데일 카네기의 책들은 인간의 핵심을 찌르는 원칙들로 정평이 나 있다. 그가 저술한 〈인간관계론〉, 〈자기관리론〉, 〈성공대화론〉 삼부작은 불후의 인간 성찰 고전으로 평가받으며 특히 〈인간관계론〉은 출간되어 전 세계적으로 1억 부 이상 판매된 최고의 인간관계 바이블이며 성공의 바이블이다.

"내 책을 읽어 보셨습니까?"
카네기 아바타의 질문에 나는 정신을 가다듬었다.
"솔직히 말씀드리면 보기는 봤는데 기억이 나지 않아서 계속 기억을 떠올리려고 애쓰는 중입니다."

"하하, 그러시군요. 염려하시지 마십시오. 누구나 다 그런 것이
니 자신을 나무라거나 비관할 필요 없습니다. 사람은 망각의 본능
을 지니고 있답니다."

"이해해 주셔서 감사합니다."

"그래서 우리는 반복해서 책을 꾸준히 탐독할 것을 권장하고 있
지요."

나는 그의 부드러운 어조에 마음의 안정을 얻었다. 그러자 그의
대표작 〈인간관계론〉의 어느 대목이 떠올랐다. 사람을 움직이는
3가지 원칙이나 좋은 관계를 만드는 대화법, 호감을 얻는 비결 등
성공을 위해서는 필수적인 스킬skill이었다.

나는 그중에서도 미국의 제16대 대통령 에이브러햄 링컨에 관
련된 내용이 기억에 생생했다. 링컨은 미국의 역대 대통령 중에서
도 가장 존경받는 인물로 손꼽히는 평판 좋은 대통령이다.

그러나 젊은 시절의 링컨은 미숙한 인격의 소유자였다. 그는 다
른 사람들의 결점을 발견하는데 비상한 재주를 가지고 있을 뿐만
아니라 이것을 무기로 활용하여 상대방을 난처하게 만드는 행동을
일삼았다.

그로 인해서 링컨은 자신의 인생에 일대 사건이 되는 커다란 곤
경에 직면하게 된다. 성격이 포악한 싸움꾼에 허세 덩어리인 아일
랜드 태생의 정치가 제임스 실즈를 조롱한 익명의 글을 '스프링필

성공 못하면 기적이다

드 저널'에 기고했다가 결국 들통이 나고 만 것이다. 자신의 치부가 드러나고 모욕을 당하게 되면 누구나가 분노하기 마련이다. 조롱 거리가 된 제임스 실즈는 그 길로 달려가서 링컨에게 죽음의 결투를 신청하게 된다. 타인의 결점을 건드린 대가로 생과 사의 갈림길에 서게 된 것이다. 링컨은 두려웠다. 자기의 죽음도 두려웠고 상대방을 죽여야 한다는 것도 두려웠다.

드디어 결투의 날이 밝았다. 후회와 번민의 밤을 지새운 링컨은 미시시피강의 백사장 위에서 대치했다. 그 위기의 결투 순간 다행히도 양측의 중개인이 적극적으로 개입하는 바람에 칼부림은 중단되었다. 이 일로 링컨은 큰 교훈을 얻게 되었다. 그는 이후로 두 번다시 남을 비웃지도 않았고 비난하지 않았다. 단점을 끄집어내는 행위는 금물이었다. 링컨에게는 귀중한 좌우명이 하나 생겨났다.

'다른 사람의 심판을 받지 않으려면 그들을 심판하지 말라.'

'나의 성공 시스템'을 구축하기 위해서는 반드시 요구되는 덕목이라는 생각이 들었다. 장난이라도 다른 사람을 심판하는 행위 따위는 하지 말아야 한다. 그런 의미에서 데일 카네기 아바타가 등장한 것은 우연이 아닌 것이 분명했다.

"인간관계의 핵심은 무엇이라고 생각하십니까?"

나, 리치 아바타는 데일 카네기가 질문하는 의도를 파악하고 있었다.

"소통입니다."

성공하는 사람은
역지사지로 소통한다

사람과의 소통을 위해서 절대 하지 말아야 할 행동 하나가 있다면 그건 상대방에 대한 비난과 비평, 단점의 지적을 삼가야 한다는 것이다. 인간은 감정의 동물이라고 했다. 타인의 감정을 자극하는 사람은 성공할 수 없다.

어리석은 사람의 가장 대표적인 경우가 험담이고 불평이고 비난이고 불만이다. 바보들은 그런 일을 즐긴다. 반면 이해와 배려, 관용은 쉽게 얻어질 수 있는 자세가 아니다. 끊임없는 자기 성찰과 학습으로 수양해야만 획득할 수 있는 것이다.

그리고 소통을 위해 꼭 해야 하는 행동 하나가 있다면 그건 칭찬과 격려다. 올바른 방법이라면 상대방의 어떤 장점이라도 찾아내어 그가 중요한 사람이라는 생각이 들도록 대화의 시작을 유도한다.

20세기 위대한 심리학자 중 한 명인 프로이트 박사는 인간의 모든 행동의 욕구를 두 가지 동기로 압축한다면 성에 대한 충동과 위대해지려는 욕망이라고 했다. 매슬로 박사의 욕구단계설Maslow's hierarchy of needs에서도 존중의 욕구, 자아실현의 욕구가 강조되었으며 미국의 저명한 철학자이며 교육가인 존 듀이 박사도 인간의 가장 원초적인 충동에 '중요한 인물이 되고 싶은 욕구'가 존재한다고 발표했다. 그러므로 소통을 위해서 예의와 존중으로 상대방의 장점을 칭찬한다면 기꺼이 마음의 문을 열게 될 것이다.

"리치, 사람의 마음을 움직이는 방법을 잘 알고 계시는군요. 그렇다면 마지막 단계는 뭡니까?"

입술 꼬리가 하늘로 올라가면서 미소 짓는 카네기의 모습은 이미 내가 정답을 말하리라는 것을 예감하는 태도였다.

"역지사지易地思之죠."

상대방의 입장에 서서 생각해 보라는 사자성어로 맹자孟子의 '역지즉개연易地則皆然'에서 유래되었다. 자신의 상황과 처지를 상대방과 바꾼다고 해도 하는 행동이 서로 같아진다는 뜻이다. 나는 특별한 사람이 아니고 성현도 아니다. 그러므로 나를 잠시 잊어버리고 상대방의 입장이 된다면 소통은 100% 이루어진다. 좋은 관계가 서로 유지되지 않는 이유는 각자의 생각만 옳다고 고집하기 때문이다.

자동차 왕 헨리 포드는 인간관계에 대하여 자신만의 방식을 사용했다. 그의 비결은 상대방의 처지를 이해하고 자신이 그 처지에 놓였을 경우와 동시에 비교하여 대응하는 능력이었다. 헨리 포드의 이러한 사고는 그의 성공에 막대한 영향을 끼쳤다.

"장담하지만 성공자들은 하나같이 소통의 달인들이라고 할 수 있습니다. 인간은 사회적 동물 아닙니까? 그것은 곧 태어났을 때부터 소통하는 동물이었다는 걸 이야기하는 겁니다."

카네기는 그리스 철학자 아리스토텔레스가 말한 사회적 동물이란 소통의 동물을 말하는 거라고 해석했다. 나도 동감한다. 시대를 초월한 이 철학자는 인간의 개념을 꿰뚫어보고 있었다. 우리가 사회적 동물로 살아가기 위해서 기본적으로 갖추어야 할 원칙이 있다면 그것은 바로 소통이다. 단순한 대화가 아닌 진심이 깃들어 있는 칭찬과 타인을 비평하고 비난하지 않는 마음, 그리고 상대방의 입장을 충분히 고려하는 역지사지의 정신이 진정한 소통이고 이것이 바로 성공의 원동력이다.

소통이란 '나의 성공 시스템' 코스에서 필수적인 항목으로 데일 카네기의 사람을 움직이는 3가지 원칙의 기본 원리이다.

우리들의 머리 위로 상태를 알리는 창 하나가 하늘색 바탕의 뭉

성공 못하면 기적이다

게구름을 이루며 떠올랐다.

"리치, 원더풀! 대인관계의 핵심이 소통이란 점을 파악하고 있다는 것은 놀랍군요."

데일 카네기 아바타가 밝은 표정을 짓자 마치 개구쟁이 같았다.

그때 멋진 중절모를 착용하고 수염을 기른 아바타가 하얗게 반짝이는 최고급 승용차를 몰고 등장했다. 나는 그 캐릭터가 낯설지 않았다.

"리치 아바타, 너무 반가운 표정을 지으시는군. 그렇기도 하겠지요. 이런 조합이라니! 멘탈버스의 세계가 아니라면 어떻게 가능하겠소?"

그의 머리 위로는 메타Meta라는 이름이 쓰여 있었다. 나는 조심스럽게 상대의 신분을 물었다. 혹시 내가 마음속으로 상상하고 있던 그 사람이 아닌지 두근거리는 심정으로.

"선생님은 뉘십니까?"

"이거 실망스러운데, 언제는 날 멘토로 삼고 매일 존경한다고 해 놓고서 말이요."

나는 놀라지 않을 수가 없었다. 설마 '성공 못하면 기적 시스템'을 창조한 CEO가 이 공간을 찾아왔다고는 믿기지 않았다.

메타는 먼저 카네기 아바타에게 악수를 청했다.

"초대에 응해줘서 감사합니다. 메타라고 합니다."

카네기도 정중하게 예의를 차렸다.

"오 메타, 귀하가 멘탈버스 공간의 운영자이시군요. 만나뵙게 되어 매우 반갑습니다."

의문이 풀렸다. 이 가상세계 멘탈버스로 나 자신과 데일 카네기를 초빙한 운영 주체가 바로 메타였던 것이다.

그렇다면 나는 왜 이런 성공자들과 합류할 수 있게 되었을까? 이름만 리치이지 실상은 투자에서 실패한 서민이라고 할 수 있는 내가 운영자에 의해서 멘탈버스에 초대된 이유가 있을 것이다.

메타는 다소 경직된 표정의 나를 바라보면서 의미심장한 미소를 지었다.

"이제 성공의 비결 중 하나를 체득한 것을 축하하네, 리치! 소통이란 단순한 것이 아니야. 거기에는 공감이 들어있어야 해. 그 소통과 공감에는 비평과 불만족과 비난이 아닌 마음에서 우러나오는 칭찬과 헌신, 그리고 상대의 입장을 나로 소환해서 바라보는 다른 차원의 시각이 필요하다네."

메타는 공감 능력의 확장을 강조했다. 전혀 틀린 말은 아니었다. 단순한 소통이 아니라 좋은 관계를 맺고 호감을 얻기 위해서는 상대방과 공감을 형성해야 한다.

여기에서 가장 중요한 부분은 경청이다. 들어주는 것이다. 귀를 열고, 마음을 열어서 진심으로 이야기를 듣게 되면 감정의 교류가 그의 마음에서 나의 마음으로 흐른다. 마치 살얼음으로 가로막혔던 물줄기가 조금씩 녹아내리다가 어느 한 순간에 쏟아져 내리듯이

성공 못하면 기적이다

합쳐진다. 순수한 소통으로 경험할 수 있는 일이다.

카네기가 탄성을 터뜨리는 바람에 잠시 상념에 잠겼던 나는 깨어났다.

"메타, 당신의 이름 메타는 이 가상의 공간을 조성한 이유와 연관이 있는 것으로 짐작됩니다. 혹시 실례가 안 된다면 메타의 의미를 더 알려주실 수 있는지요?"

카네기의 요청을 마다할 메타가 아니었다.

고객의 이익을 좇으면
실패하지 않는다

메타meta의 뜻은 '초월'이다. 이 단어의 뜻 그대로 메타는 현실을 살아가는 사람이 아니라 미래를 현실로 앞당겨서 살아가는 사람, 즉 초인超人이다. 보이지 않는 미래를 통찰하는 안목으로 인생을 살아가는 사람이니 메타는 언제나 성공자일 수밖에 없다. 그 이름을 지닌 사람은 어떤 경우에도 포기하지 않는다. 내가 알고 있던 초월자 메타는 과거 한때는 최악의 신용불량자였다. 메타의 육성 고백을 나는 생생히 들은 적이 있었다.

"우리는 처음에 다 거지들이었어요. 신용불량자들의 집단이라고 해도 잘못된 표현이 아닙니다. 사업자들은 다 거지고 나는 그중에서도 왕초 거지였습니다."

믿어지지 않겠으나 그는 2009년 창업한 유통 네트워크를 10년

성공 못하면 기적이다

만에 1조 원 가치의 유니콘 기업으로 육성했고 13년 만에는 2조 원 가치가 넘어가는 글로벌 기업체로 성장시켰다. 현재 이 순간에도 메타의 유통 플랫폼은 폭발적으로 확장되고 있다. 최악의 신용불량자가 토종 네트워크 마케팅 기업을 10년 만에 국내 최고로 성공시켰다는 것은 실로 기적과 다름없었다. 아바타 메타는 이렇게 역설했다.

"네트워크 마케팅은 누구나 쉽게 참여하여 내가 사용하고 소비한 물건을 이웃에게 전달하고 그 소개받은 소비자가 다른 소비자를 연쇄적으로 소개해서 사업이 전개되는 구전 마케팅으로 유통의 혁명을 가져다줄 첨단 글로벌 비즈니스입니다!"

그래서 이론대로 한다면 누구나 성공할 수 있는 사업이 되어야 하는데 실상은 그러지 못했다.

그 안타까운 이유는 다음과 같다.

"유통은 단순하다. 좋은 물건을 싸게 팔면 소비자가 몰려오게 되어있는 것이다. 그러나 기존의 네트워크 마케팅, 다단계들은 그걸 무시했다."

그것이 핵심이었다. 기존의 네트워크 마케팅 회사들은 시장 원리의 유통이 아닌 다단계의 이해관계에 따른 마케팅 방식으로 안이한 운영을 고수해왔다. 이타적이지 못한 업계의 태도로 인해 일반인들에게 좋지 않은 선입견을 뿌리 깊게 심어준 것 또한 사실이었다. 뿐만이 아니고 일부 몰지각한 업체의 비상식적인 행위는 사회적 물의를 일으켰다.

"다른 성공에 대한 시스템들은 일반인들이 따라 하기에 너무 어렵습니다. 이론대로라면 누구나 성공해야 하는 것 아닌가요? 아주 특출난 사람만 성공하게 되어있다면 그게 무슨 성공의 시스템입니까? 평범한 사람들이, 아니 그 이하의 사람들 또한 성공할 수 있는 지극히 겸손한 마케팅, 장벽이 전혀 없는 성공 시스템이 필요했습니다."

그 두 가지 핵심을 꿰뚫어서 이 기업은 '절대품질 절대가격'이란 대중명품 메스티지masstige, mass + prestige 전략으로 누구라도 포기하지 않고 참여한다면 마침내 성공할 수 있는 마케팅 시스템을 완성했다. 특별하지 않은 보통의 사업자를 위한 성공 시스템이었다. 그로 인해서 이 기업은 국내 네트워크 마케팅 분야의 최고가 되었고, 앞으로도 글로벌 최대 기업으로 성장할 것이 분명해졌다.

또한, 이 과정에 참여했던 다수의 사업자도 성공의 대열에 합류하게 된 것이 당연하다고 할 수 있다. 그들은 거의 완벽하게 경제적 자유를 획득하였고 부자로의 새로운 삶에 도달했다. 이제 그들의 인생은 자유로워졌다. 메타의 의도를 추종했던 사람들은 모두 자유로운 성공자의 과정을 통과하였다. '성공 못하면 기적 시스템'은 의심의 여지가 없도록 사회적 증거를 마구 쏟아냈다. 메타의 차원이 다른 소통방식 덕분에 기적 시스템은 완성될 수 있었다.

"나는 소비자의 성공과 고객의 성공을 창업의 목표로 설정했습니다."

이해가 되지 않는 대목이었다. 일반적인 기업의 형태는 수익을

성공 못하면 기적이다

창출하기 위해서 기업을 설립하는 것이 정상적이었다. 역시 차원이 달랐다. 데일 카네기는 심각한 표정으로 메타의 다음 말을 기대하고 있었다.

"소비자들과 소통했고 고객들이 원하는 방향으로 공감했습니다. 철저하게 소비자 중심의 마케팅을 추진했습니다. 내가 말하는 소비자는 고객인 동시에 사업자들이기도 합니다."

'성공 못하면 기적 시스템'에는 차별화된 소통과 공감이 동원되었다는 것을 실감했다. 메타의 네트워크 유통 플랫폼은 소비자가 곧 고객이고 그 고객이 사업자이기도 하다.

본래 나는 부자의 목표가 없이 그저 일상의 소소한 행복감에 만족을 느끼고 살아가던 사람이었다. 그것이 얼마나 우물 안의 삶이었는지 새삼 드러내고 싶지는 않다. 그러나 매우 부족한 과거였음을 인정해야만 했다.

삶은 그렇게 부족함을 만족으로 알고 살아가야 하는 일이 아니었다. 단 하나밖에 없는 인생이 아닌가. 돌아올 수 없는 시간, 그 소중한 여정에 무엇을 하고 있었던 것일까? 어째서 메타가 요구하는 삶의 궤적을 외면하고 낙오되어 있었을까. 나는 치열한 정열도 부족하고 인생의 뚜렷한 목표도 세우지 않았고 의지력도 부재했다.

"부자가 되고 싶다면 부자가 되어야겠다는 생각을 해야 한다. 서민이 좋다고 말하는 것은 부자가 될 용기가 없는 변명에 불과하다. 사랑하는 사람을 위해서 용기를 내야 한다. 사람으로 태어났다면 누구나 균형 잡힌 삶을 원해야 한다. 여한이 없는 삶을 살아라!"

메타는 부자의 길을 강조했다. 그리고 그의 원칙을 받아들이고 네트워크 유통 플랫폼 사업에 임했던 사람들은 100% 모두 성공했다. 메타가 요구하는 초월의 공식을 그들은 이해했다.

메타는 착한 사람이 성공하는 세상을 만들어가고 싶어한다. 원칙을 지키는 기업답게 원칙에 충실한 사업자들을 부자로 만들어가는 방법에 골몰하고 앞장선다. 사업하는 리더들은 메타가 원하는 성공자의 자세에 대하여 경건하고 기꺼운 마음으로 배우고 행동한다. 시스템 안에서 그들은 울고, 웃고, 배우고, 섬기는 과정을 거치면서 경영자의 가슴을 깨닫고 사업자의 노고를 확인하는 시간을 보냈다. 이것은 일반 기업들이 전혀 느낄 수 없는, 원리 원칙에 충실한 '성공 못하면 기적 시스템'의 정서이고 문화이다. 그래서 선한 부자로 새롭게 탄생한 성공자들은 나눔의 기쁨을 아는 진정한 성공자의 길을 찾아가게 될 것이 분명하다.

"내가 여러분들을 부자로 만들어 드리겠습니다. 착한 사람이 성공하는 선한 부자의 시대를 열겠습니다!"

메타의 시스템은 언제나 사람의 도리를 강조한다. 내가 이 과정을 극복하기 위해서는 과거에 집착하며 살아서도 안 되고 현재에 안주해서도 안 된다. 멀리 꿈을 꾸고 나의 차원을 달리하는 초월의 능력을 발휘해야 한다. 그 길이 내가 선택한 '나의 성공 시스템'을 완성하는 길이 될 것이다.

성공 못하면
기적인 시스템

"지금 현실에 머무르고 안주한다면 변할 수가 없다. 2차원에 머물지 말고 3차원의 세상으로 점프하라. 차원을 달리하는 것이 중요하다. 초월하게 되면 경쟁에서 승리하고 네가 원하는 것을 소유할 수 있게 된다. 초월하는 사람이 되어라!"

메타는 최소 8시간에서 어느 날은 12시간 이상 에너지를 소비하는 강행군의 강의를 멈추지 않고 시도하기도 했다. 메타는 목이 터져 나가도록 일반인들에게 차원의 초월을 요구했다. 그 열정의 대가로 차원을 이동하는 사업자들이 점차 늘어났고 거기에 비례하여 성공자의 탄생이 시작되었다. 메타는 초월자의 이름을 지닐 자격이 충분했다.

메타의 '성공 못하면 기적 시스템'은 하루아침에 형성된 것은 결코 아니었다. 거기에는 메타의 패배, 그 참담한 실패의 경험이 밑바탕 되었음을 물론이다.

인터넷이 대중화되기 전에 이미 대규모 쇼핑몰을 창업하였던 메타는 사업이 일순간 나락으로 추락하는 처절한 고배를 마셨다. 시대를 너무 앞서갔던 탓이었다. 기업의 흥망은 근본 원인이 어디에 있던지 1차로 경영자에게 그 책임이 있다. 메타는 좌절의 수렁 속에서 깊은 병마까지 만나게 되었다. 죽음이 임박한 절망의 나날이었으며 자식들을 두고 마지막 기도까지 올렸다.

"하나님, 저는 이제 이 세상을 떠납니다. 이 아이들이 학교를 다 마치지 못해도 괜찮습니다. 부자로 살지 않아도 상관없습니다. 건강하게 오래 살지 않아도 좋습니다. 다만 주님의 말씀 가운데서 주님과 동행하다가 하늘나라에서 만났으면 소원합니다. 주님의 은혜를 간구합니다!"

기도를 마친 메타는 자신이 평생 해왔던 기도 중에서 가장 하나님의 마음에 드는 기도를 드렸다는 생각을 하였다. 이 기도는 하나님이 들어줄 수밖에 없다는 믿음을 갖자 마음이 한결 가벼워졌다. 그리고 메타는 자신 스스로에게 용기의 주문을 마치 방언처럼 토해 냈다.

"난 나의 삶을 초월하리라!"

메타는 자신의 운명을 초월하기로 결심했다. 희망이 없을 때 유일한 희망은 그래도 희망을 포기하지 않는 것이라고 자신에게 소리쳤다. 사랑하는 사람을 위해서 마지막 죽을힘을 다하여 희망을 잡

36

아야 한다고 절규했다.

"용기를 내어 나의 두려움과 맞서야 하는 건 사랑하는 사람을 지키기 위한 일이다! 용기란 두려움을 모르는 게 아니라 두려움과 정면으로 맞서 승부를 내는 것이다. 용기가 없는 사람은 사랑하는 사람이 없는 사람이다."

메타는 결국 사랑하는 가족을 위해서 초월자가 되었다.

메타는 갑자기 나를 지목했다.

"리치, 삶의 대책이 없다면 차원을 초월하게!"

카네기는 다소 놀란 듯 안경을 매만졌다. 나는 순간적으로 당혹감을 느꼈다. 메타는 내게 대책 없는 삶이라고 작심의 대사를 뱉어냈다. 그래, 리치라는 이름을 정할 때부터 문제가 있었던 거야. 내게는 너무 과분한 타이틀이야.

그들은 가상세계에서도 멋진 차림새로 등장했다. 그들과 비교해 난 무료로 제공된 캐시를 이용해서 기본 복장을 구매했기에 볼품이 없는 꼴불견이었다. 더구나 메타가 몰고 온 승용차는 나를 충분히 주눅들도록 만들었다. 그나마 위안이 되는 것은 바로 여기가 가상의 공간 멘탈버스라는 점이다. 나의 분신 아바타가 행동하는 공간이니까 조금은 뻔뻔한 태도가 용납되었다.

'리치, 용기를 내자! 여긴 가상의 세계잖아.'

나는 나를 위로했다. 어차피 메타의 '성공 못하면 기적 시스템'을 '나의 성공 시스템'으로 설정하기 위한 것이니까 인내해야 한다는 생각만이 가득했다.

차원을 초월하라는 주문은 평범하게 살지 말라는 충고와 다름 없었다. 오늘과 같은 내일을 살지 않으려면 변해야 한다. 어제와 똑같이 살면서 다른 내일을 기대하는 것은 정신병 초기 증세라고 아인슈타인은 명언을 남겼다.

그런데 차원을 달리하는 초월의 능력을 나 같이 평범한 사람도 소화해낼 수 있을까? 그 해답을 메타는 지니고 있었다.

"우리는 교육과 학습, 보상 마케팅을 시스템으로 완벽하게 구현해 냈지요. 누구든지 우리의 시스템에 접속하기만 하면 성공의 길을 안정적으로 갈 수 있도록 안내가 됩니다. 인정하나? 리치?"

설명 뒤에 메타의 매서운 눈빛이 나에게 작렬했다. 마치 인정하지 않으면 큰일이라도 벌어질 것 같은 압박감이 엄습했으나 나는 내심 자신에게 중얼거렸다.

'난 아바타야, 리치. 괜찮아. 여기는 가상의 세계 멘탈버스야.'

나는 메타의 시선에 개의치 않고 초연하려고 했으나 그래도 심장이 두근거렸다. 내가 알고 있는 메타의 카리스마는 대단했다. 만일 제대로 화가 난다면 그를 대적할 상대는 없으리라. 그러나 다행히 지금 그의 눈초리는 맹금류의 야성에 미치지 않았다. 나는 긍정대신에 반사적으로 말했다.

"차원을 초월하라는 의미는 성공 시스템을 염두에 두고 하시는 말씀이지요? 설마 저 같은 사람도 성공할 수가 있겠습니까?"

내가 메타의 요지에 긍정으로 대답하지 않고 오히려 반문했다

성공 못하면 기적이다

는 것은 내가 생각해도 의외였다. 그건 지금 있는 곳이 가상세계였기에 평상시와 다른 내 아바타의 반응이었다. 믿는 구석이 존재했다. 설마 전설적인 인물 카네기 앞에서 메타가 공식적으로 불쾌감을 드러내지는 않으리라는 계산이었다. 그러나 나의 이런 믿음은 지켜지지 않았다. 메타가 아주 작은 역정의 감정을 표출했기 때문이다.

"리치, 우리의 '성공 못하면 기적 시스템'을 아직도 전혀 신뢰하지 못하고 있는 것 같아서 정말 아쉬어. 그러나 그렇게 초라한 행색을 하고도 캐릭터 명칭을 부자라고 설정했다면 자네의 앞날은 기대가 되는군."

오 마이 갓! 나의 소심한 아바타 리치는 순간 무안을 당하여 얼굴이 홍당무로 변해갔다. 별로 큰 지적도 아니었는데 '도둑이 제 발 저리다.' 라는 속담처럼 나는 부끄러웠다. 메타가 설마 이렇게까지 직설적으로 표현할 줄은 의외였다. 아마도 메타는 내게 크게 실망한 모양이었다. 처음부터 내 캐릭터가 마음에 들지 않았던 건 아닐까? 초라한 차림새가 거슬렸을지도 모른다. 부자라는 이름의 리치를 사용하면서 볼품없는 싸구려 의상이 내내 마음에 걸렸었다. 나는 외부의 손님 카네기 앞에서 크게 당황하여 어찌할 바를 모르고 허둥대며 눈치만 봤다.

그러나 아바타 카네기는 묵묵히 은테안경을 벗어 손수건으로 닦아냈다. 그의 이런 침착한 대응은 목전의 상황에 대해서 어떻게 대처할 것인가를 숙고하는 것으로 짐작되었다. 그것은 즉석에서 같은 방법으로 상대방을 설득하려거나 반박하려는 게 아니고 단지 소통의 여유를 유지하는 태도였다. 즉 데일 카네기는 메타의 내재된 감정을 더 상세히 들을 준비를 하는 것이다.

이러한 모습은 마치 조선의 임금 중에서 가장 위대한 왕으로 칭송되는 세종대왕의 경청하는 스타일 그대로였다. 세종은 국정운영을 토론하는 경연經筵에서 신하들의 비판과 질책을 주의 깊게 청취하고 몰입했다. 불편한 주제와 왕실의 위엄에 도전하는 발언에도 임금은 언제나 묵묵히 수렴할 따름이었다. 세종은 신하들의 자유로운 토론에 개입하지 않고 기꺼이 수용하는 품격을 통하여 조선 600여 년의 왕조에 초석을 다지고 전성기를 구사했으며 성군聖君으로 명성을 드높였다.

그런데 의외의 돌발적인 상황이 발생했다. 나에게 불편한 지적을 하던 메타의 안색이 오히려 더 붉어지고 있었다.

성공 못하면 기적이다

모든 것은
인간관계에서 시작한다

메타는 상기된 얼굴을 하고서 나에게 미안함을 감추지 못하며 애써 해명했다.

"리치! 내가 아쉬운 점은 자네가 선택한 '나의 성공 시스템' 코스에 대한 자신감이 부족하다는 인상을 받았기 때문이야. 당당함이 결핍된 소통은 상대방에게 신뢰를 주지 못한다네. 그것이 마음에 걸려서였어. 그런데 자네 표정을 보니 내가 더 민망하군."

내 생각이 틀렸다. 메타는 허접한 내 옷차림이 아니고 부족한 나의 정신 자세와 태도를 문제 삼은 것이다. 나는 메타가 변명을 하고 있다고는 생각지 않았다. 그는 평소에도 유머 감각이 풍부했고 장난기도 많았다. 그러나 무엇보다도 타인에 대한 사려 깊은 배려와 신앙심이 충만했다. 나는 충분히 이해되었다. 그러나 무엇보다도 중요한 점은 나는 이때 메타의 지적에 대해서 진심으로 반성하고 있었다는 점이다. 나는 선언하지 않을 수가 없었다.

"저는 '성공 못하면 기적 시스템'을 원칙대로 하지 않았으니 아직도 성공을 못 한 것이 당연한 겁니다. 모든 원인은 저에게 존재합니다."

그러자 바로 메시지창 하나가 우리의 머리 위 공간 한 부분을 차지했다. 거기에는 다음과 같은 글귀가 적혀 있었다.

우리가 어느 날엔가 마주칠 재난은 우리가 소홀히 보낸 시간에 대한 보복이다. -나폴레옹-

그것이 정답이었다. 나의 아바타가 초라한 복장으로 등장한 것은 이미 멘탈버스의 공간에 접속하기 전 이루어진 내 신용평가의 결과물인 것이다. 난 마이너스 등급이었다. 최하층의 F이고 이들은 모두 A+++ 아니겠는가. 메시지창의 내용대로 난 경제 관념이 제로인 삶을 살아왔다. 열심히 살지 않은 것은 아니었으나 결과적으로 돌이켜 생각하면 미숙한 인생이었다.

지금의 내 모습은 바로 지난날 내가 선택하고 운영했던 일상의 결과이다. 나는 리치라는 캐릭터 이름표를 사용할 자격이 없는 무기력한 아바타에 불과했다. 그런데도 이름은 거창하게 리치라고

정한 이유는 나를 포장하려는 과장된 몸짓에 지나지 않았다.

메타가 즉시 위로했다.

"오호, 리치, 그렇게 말해줘서 고마워. 내 마음이 한결 가벼워지는군. 그러나 이제라도 늦지 않았어. 자신이 깨달았을 때, 그때부터가 진짜 중요한 법이지. 결단한 순간이 진정한 시작이야. 우리 '성공 못하면 기적 시스템'은 늦게 들어와도 성공을 보장한다네. 언제든지 환영이야."

"포기만 하지 않으면 된다는 성공 시스템이지요."

"맞아, 리치! 잘 알고 있군."

카네기는 깊은 관심이 증폭된 표정으로 사태를 주의 깊게 관찰하고 있었다. 그는 메타를 향했다.

"메타, 이 지점에서 나의 성공 서적에 관한 내용을 좀 꺼내 보고 싶은데 괜찮겠습니까?"

메타는 그가 원하는 요지를 즉각 깨달았다.

"친구를 만들고 사람을 설득하는 법은 금세기 최고의 명작이지요. 인간관계의 비결이 전부 수록되어있는 보물 같은 서적입니다. 오늘의 나 메타를 만드는 데 있어 매우 중요한 역할을 했음을 인정합니다."

"거기서 가장 주목해야 하는 부분이 있습니다. 리치는 이것을 소통이라고 표현했습니다."

"물론 알고 있고 공감하고 있습니다."

메타는 빙그레 미소 지었다. 성공하는 사람들의 인간관계에 있어서 단 하나의 핵심 키워드를 고르라면 단연 소통이고 그 소통을 위해서 필요한 단어는 '칭찬'이다. 〈칭찬은 고래도 춤추게 한다〉켄 블랜차드 〈성공한 사람들은 말의 절반이 칭찬이다〉프란체스코 알베로니 란 책이 있듯이 칭찬은 그 자체로 우월한 자존감을 제공함으로 심리적 보상을 안겨주게 된다. 칭찬은 궁극적으로 칭찬받은 사람의 신체에 좋은 변화를 안겨준다는 것이 과학적으로도 입증되었다.

그래서 복잡한 인간관계로 이뤄진 현대사회를 살아가는 우리의 고민을 단순하고 실용적으로 명쾌하게 해결해주는 게 칭찬이다. 입에 발린 말이 아니고 상대방의 장점을 찾아내어 진심으로 찬사를 보내주는 것이 필요하다.

성공에 관하여 예리한 통찰력으로 분석한 훌륭한 저서들은 넘치고 또 넘친다. 그리고 이미 성공한 부자와 명사들의 명단 또한 헤아릴 수 없이 많다. 그들 성공자의 주장과 사례는 우리를 끝없이 각성시킨다. 하지만 정작 중요한 것은 우리가 성공해야 한다는 점이다. 성공한 사람들의 인간관계에 칭찬이 중요한 핵심이라면 우리의 성공요소에도 매우 중요하게 작용한다.

이러한 칭찬의 소통을 메타는 차원을 달리하는 소통이라고 표현했다. 데일 카네기의 표정이 좀 더 진지하게 바뀌었다.

"미스터 메타가 충분히 훌륭한 분이라는 느낌이 왔습니다. '성공 못하면 기적 시스템'은 금세기 최고의 성공 모델이 될 것으로 믿어집니다. 기대됩니다."

메타가 이 말을 듣는 순간 매우 겸손한 얼굴로 변해갔다.

"카네기 선생의 인간관계론이야말로 매우 훌륭합니다. 저는 그 책을 수도 없이 읽고 또 읽었던 기억이 납니다. 그래서 타인을 비평하고 비난하지 말아야 한다고 결심했던 것 같습니다. 정말 도움이 되었습니다."

상대방에 대해서 아낌없이 칭찬하는 방법은 사람의 호감을 얻는 비결이며 그것은 인간관계에 있어서 매우 중요한 부분을 차지한다. 데일 카네기는 자신의 저서에서 처세에 관한 비결을 나열했었다. 사람을 움직이는 원칙과 호감을 사는 비법, 좋은 관계를 형성하는 대화법과 설득시키기, 자기편으로 끌어드리는 방법까지 소상히 적었었다. 그는 인간관계의 소통 전문가였다.

메타와 카네기의 상대에 대한 훈훈한 칭찬은 시사하는 바가 적지 않았다. 칭찬의 소통과 역지사지를 인간관계의 최상 덕목으로 손꼽던 카네기와 메타는 충분히 유사했다.

"차원을 초월한 소통이 요구되는 시대입니다."

메타는 무조건 호의적인 찬사가 아니라 균형이 있는 칭찬이 필요하다는 점을 강조했다. 카네기의 사람을 움직이는 방식이 그릇된 것이 아니라 시대가 바뀌고 환경이 바뀌고 그에 따라 사람의 지적 능력도 과거와는 판이하게 변했다는 것이다. 자신이 어째서 리치에게 실망한 마음의 충고를 가했는지 설명했다. 역시 카네기는 성공학술의 대가답게 그 부분을 수긍했다.

"인정합니다. 오늘날의 인간관계는 차원이 다른 소통방식이 필요하다는 것을요."

메타도 그가 은연중에 지적하려던 부분을 겸허하게 수용하고 있었다.

"앞으로도 더 주의하여 소통에 절대 교만하지 않겠습니다."

"고맙습니다. 역시 초월자 메타이십니다."

과연 카네기와 메타는 인간관계의 전문가답게 서로에 대해서 순식간에 교감하고 공감을 표하였다. 그들은 과묵한 표정을 짓고 있는 나를 향해 자연스럽게 관심을 두었다.

"리치, 이 부분에서 꼭 해줘야 할 칭찬은 그래도 당신은 포기하지 않고 있다는 점이지요. 부자의 길을 중도에서 포기하는 사람들의 숫자가 적지 않은데 말입니다."

"그건 굉장한 장점입니다. 리치라고 이름을 정한 순간부터 당신의 마음이나 생각 속에 이미 부자로 성공하고 싶은 욕구가 숨어 있었던 것입니다. 기대하겠습니다."

카네기는 칭찬을 끝으로 우리에게 악수를 청하고 강연 길이 바쁘다며 떠나갔다. 그래도 메타에게 초대에 감사하다는 인사는 잊지 않았다.

나는 이 만남을 통하여 인간관계에서 공감 있는 소통이 얼마나 중요한지 깨닫게 되었다. 창 하나가 돌발적으로 드러났다.

인간관계에 있어서 공감이 존재하는 소통은 '나의 성공 시스템'에 필수조건이다.

사실 소통만 제대로 된다면 모든 사안이 평화롭다. 무난하고 화목하다. 인간관계를 가장 빠르게 맺는 효율적인 방법이 공감이 존재하는 소통 외에 무엇이 있겠는가.

불쑥 메타의 목소리가 나를 소통의 공간에서 깨어나도록 했다.
"드디어 그가 오는군."

PART 2
목표 달성을 위한 마음가짐
Mindset

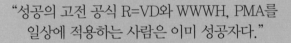

"성공의 고전 공식 R=VD와 WWWH, PMA를
일상에 적용하는 사람은 이미 성공자다."

돈 벌고 싶은 마음을
부끄러워하지 말아라

하늘색 정장 차림에 나비넥타이의 신사가 유쾌한 걸음걸이로 우리 앞으로 걸어왔다. 나는 재빠르게 그의 이름 표식을 찾았으나 이미 그는 자신을 소개하기 시작했다.

"리치 아바타, 반갑습니다. 난 나폴레온 힐Napoleon Hill이라고 합니다. 당신이 리치라는 이름을 쓰는 아바타라면 나를 잘 알고 있으리라 생각합니다만, 어떻습니까?"

"나폴레온 힐이라고요?"

그의 이름 창을 새삼스럽게 확인하고 나니 여기가 멘탈버스의 세상이라는 것이 진짜 실감 났다. 그 새로운 아바타는 바로 내가 처음 데일 카네기를 만났을 때 잘못 거론했던 앤드류 카네기Andrew Carnegie와 깊은 연관이 있는 성공학문의 대가이다.

성공 못하면 기적이다

나폴레온 힐이 운명적으로 앤드류 카네기와 조우漕遇한 때는 대학 학비를 조달하기 위해 힐이 잡지사 기자로 활동하던 시기였다. 평범한 사람들의 성공을 위해서 부자들의 비밀 공식을 연구해 세상에 전파해달라는 카네기의 요청을 받들어 20여 년간 500명이 넘는 부자들을 인터뷰하고 분석한 끝에 세계 최초이며 최고의 성공철학 서적으로 평가받는 출판물 〈생각하라! 그리고 부자가 되어라Think and Grow Rich〉를 탄생시켰다. 이 책은 성경 다음으로 많이 팔린 성공철학서의 걸작으로 평가받는다.

이 책의 핵심은 가난과 부는 모두 우리의 마음에 달려 있다는 것이다. '부자가 되고 싶으면 부를 생각하고 부자의 꿈을 꾸어야 한다!'고 역설한다. 부자의 마음을 소유해야 부자가 될 수 있는 것이다. 전혀 들린 말은 아니었다. 다시 말해서 성공을 위한 생각을 지니고 행동하면 성공에 도달한다는 평범한 진리다.

하지만 나를 비롯하여 많은 사람이 이 단순한 원리를 무시하고 그냥 정신없이 돈의 속물로만 전락해서 바쁘게 살아간다. 부자들은 돈의 진정한 속성은 따라오는 것이지 잡으려고 날뛰는 것이 아니라고 증언한다. 그래서 물질을 우선시하는 마음가짐을 버리고 성공에 대한, 부자의 길에 대해서 생각하는 습관을 길러야 한다는 점을 명확히 강조한다.

그런 나폴레온 힐이 눈앞에 등장한 것이다. 나는 마치 꿈을 꾸고 있는 것 같았다. 아무리 멘탈버스의 공간이라고는 하지만 이건 너무 의외의 설정이란 생각을 지울 수가 없었다. 데일 카네기에 이어서 나폴레온 힐이라니. 그의 등장 역시 메타의 작품이었다.

"과연 정확한 시간에 도착하셨군요."

"시간은 돈보다도 귀중한 신의 선물이니까요."

나폴레온 힐은 등장하자마자 시간과 돈과 신, 공정함, 선물이란 단어를 사용했다. 나는 그 단어들 하나하나에 마치 나폴레온 힐의 깊은 철학이 담겨있는 게 아닐까 생각되었다. 그만큼 이번 아바타도 데일 카네기 못지않은 성공학문의 거장이었다.

나폴레온 힐은 특히 개인의 성취와 동기 부여 분야에 위대한 업적을 남겼다. 나는 성공의 메신저 앞에서 용기를 내었다.

"나폴레온 힐 선생님의 저서 〈생각하라! 그리고 부자가 되어라 Think and Grow Rich〉를 보면서 많은 생각을 했습니다. 부끄럽지만 저도 부자가 되고 싶어서 잠재적으로 리치란 이름을 선택하게 되었습니다."

나폴레온 힐이 빙그레 미소 지으며 격려했다.

"성공해서 부자가 되려는 의욕으로 리치란 이름을 정한 것은 좋은 선택입니다. 부자가 되기 위해서는 생각해야 합니다. 부자가 되려는 생각! 부자가 되려는 마음을 지니는 것이 옳습니다. 부자가 되는 길은 이처럼 매우 간단합니다."

메타도 나의 생각을 적극 지지해 주었다.

"어떤 생각을 했다는 것은 공연한 망상이 발생하는 것이 아니라 가능성이 있기에 떠오른 것이 분명해. 난 그렇게 믿고 있어. 리치는 충분히 부자가 될 가능성이 있지. 장담하네."

성공 못하면 기적이다

나는 용기를 심어주는 메타에게 감사의 마음을 건넸다. 나폴레온 힐이 계속 장단을 맞추었다.

"동감합니다. 모든 인간의 공통된 욕구 중 하나는 부를 축적하여 경제적인 안정을 이루길 소망한다는 점입니다. 부자로 살고 싶은 마음은 부끄러운 일이 아니라 당연히 존중받아야 할 일입니다. 매우 당당한 일이지요. 물론 합법적이며 부도덕하지 않아야 한다는 것이 전제입니다."

부자의 문을 열어주는 마스터키를 소유한 나폴레온 힐은 자신감으로 가득 차 있었다. 나는 이들 두 명의 경제 거물 앞에서 자존감을 잃지 않기 위해서 안간힘을 썼다.

"이 공간, 멘탈버스의 '나의 성공 시스템'에 입문한 이유는 당연히 나만의 성공 비결을 소유하고자 하는 마음이 작동되었다는 말씀을 드리고 싶습니다."

리치란 이름도 '나의 성공 시스템'도 사실 같은 목표라고 할 수 있었다. 그런데 메타의 안목은 달랐다.

"리치, 자네의 목표에 경의를 표하며 한 가지 주문을 하고 싶네."

나폴레온 힐과 얘기하던 나는 그가 말한 '주문'이 어떤 내용인지 궁금했다.

"주문이라면?"

"부자로 살기 위해서는 부자에 대한 목표가 명확하고 뚜렷해야 합니다. 아마도 이 부분에 대해서는 나폴레온 힐도 이견이 없을 것으로 생각합니다. 왜냐면 당신의 책에 명시되어 있는 것이니까요."

나폴레온 힐은 메타의 말을 부인하지 않았다.

"물론입니다. 제대로 목표를 설정하지 않은 사람이 성공하는 경우는 본 적이 없으니까요."

목적지를 정하지 않고 출항하는 선박은 없다. 만일 도착지가 없다면 그 배는 표류하다가 풍랑을 만나서 난파하거나 조난의 운명에 마주치게 된다.

부자를 초월한
부자가 되어야 한다

메타는 여기서 나에게 강한 어조로 요구했다.

"목표를 원한다면 차원을 달리하는 목표를 정하는 게 좋아. 그런 것이 초월자의 선택일세."

메타는 차원을 달리하는 성공 목표를 지니라고 강조했다. 그냥 속된 말로 조물주 위의 건물주나 막연히 부자가 되어 원 없이 돈을 물처럼 쓰고 싶은 보통의 목표보다 단계가 높은, 고차원적 성공을 그릴 것을 요구했다. 나는 그 방면에 능력이 없는 사람이기에 이해가 곤란했다. 메타는 성공에 대한 집착도 수준이 달라야 한다고 했으나 사실 성공의 의미는 사전의 표현대로 사회적 지위나 부와 같이 세속적인 목적이나 뜻을 완성하는 데 있는 것이 아닌가.

대관절 차원을 달리하는 성공 목표란 무엇인가?

메타가 정의를 내렸다.

"우리의 '성공 못하면 기적 시스템'이 누구나 부자가 될 수 있는 길을 안내한다는 건 이해했겠지. 그것은 이미 정해진 코스이기에 특별나지 않아. 부가 형성되는 건 지극히 당연한 일이고 그 부의 바탕 위에서 진정한 성공의 목표를 설정해야 한다는 말을 하고 싶네."

글쎄, 그게 무엇이냐고요? 난 메타와 나폴레온 힐을 번갈아 바라보았다. 그들에게 도움을 청했다. 나폴레온 힐조차도 이렇게 의욕적인 자세의 메타에게 감격한 얼굴이었다.

"굉장한 자신감이군요."

"진정한 성공자는 모두가 차원이 다른 목표를 설정합니다."

나는 어떤 성공의 목표를 설정해야 할지 도무지 감이 잡히지 않았다. 그저 난 자유로운 부자가 되고 싶을 뿐이었다. 화려한 백수라는 말이 입 밖으로 튀어나올 뻔하였다. 나에게 있어서 성공이란 개념은 매우 단순하다. 돈 때문에 고민하고 걱정하는 일이 없으면 되는 것이다. 환율이 오르고 물가가 뛰고 주식이 곤두박질치더라도 전혀 관계없이 행복하게 살아가는 부자이면 되는 것이다. 메타는 아마도 나의 이런 소박한(?) 목표에 실망할 수도 있을 수 있으나 이것이 보통 사람들의 보통 목표이다.

나폴레온 힐이 그런 나에게 속삭였다.

"기억해보시오 리치, 예전에 당신은 부자가 될 생각을 해본 적이 없었지요?"

나폴레온 힐의 물음에 나는 당연하다는 듯이 대꾸했다.

56

"네, 그냥 제가 할 수 있거나 좋아하는 일을 하면서 살았습니다."

"그런데 지금은 부자를 꿈꾸고 계시지요?"

"말씀하신대로입니다. 그래서 리치란 이름을 선택한 것이 분명합니다. 부자가 되고 싶습니다."

나폴레온 힐은 명쾌한 목소리를 내었다.

"바로 그겁니다. 처음에는 부자가 될 생각이 없었으나 이제 부자가 될 결심을 하셨지요. 그렇다면 부자가 반드시 되실 겁니다."

"과연 그럴 수 있을까요? 책처럼 부자가 될 생각만 하면 과연 부자가 될까요?"

"믿지 못하시는군요. 멘탈버스의 과정을 신뢰해야 합니다. 난 이 코스에서 성공을 코칭coaching하는 전문가입니다. 먼저 만났던 데일 카네기 선생, 그리고 여기 메타도 충분한 자격을 획득한 분이시죠."

틀린 말은 아니었다. 메타는 자신이 개발 창조한 '성공 못하면 기적 시스템'으로 현재 매일 매시 전 세계 구석구석에서 성공하는 사업자들을 양산해 내고 있다. 그리고 강의 시간에 쫓겨 잠시 자리를 떠난 데일 카네기와 나폴레온 힐의 저서로 영향을 받고 성공한 사람들은 부지기수다.

그들의 성공 관련 시스템저술 활동 및 강연, 연구, 교육 등은 〈정상에서 만납시다〉지그 지글러, 〈부자아빠 가난한 아빠〉로버트 기요사키, 〈개구리를 먹어라〉브라이언 트레이시, 〈성공하는 사람들의 7가지 습관〉스티븐 코비, 〈누가 내 치즈를 옮겼을까〉빌 코트링어, 〈꿈꾸는 다락방〉이지성, 〈멘탈의 연금술〉보도 새퍼 등 수많은 자기계발과 성공학 베스트셀러 작가에게 영감을 주었다고 해도 과언이 아니다. 그뿐이 아니고 세계적인 부자로 손꼽히는 빌 게이츠마이크로소프트 설립자이며 기업가, 제프 베조스아마존닷컴의 설립자이자 최고 경영자, 워렌 버핏기업가이며 투자가, 일론 머스크테슬라 경영인, 마크 저커버그페이스북 창업자, 마윈알리바바 창업자, 래리 페이지구글 CEO 등 세계 최고의 성공자들에게도 통찰의 방향을 제시해주었다고 할 수 있다.

이러한 명성의 아바타들과 멘탈버스에서 동반한다면 성공하기 싫어도 성공이 될 것이란 확신이 들었다.

메타가 나를 바라보며 싱긋 웃었다.

"리치, 차원이 다른 목표를 어렵게 생각하지 말게나. 내가 처음에 말한 일을 기억할 수 있잖아. 망한 오리탕 집 이야기 말일세. 그걸 떠올려 보게."

그랬다. '성공 못하면 기적 시스템'의 출발 중 하나는 전북 익산의 어느 망한 오리탕 집이었다. 이 오리탕 집 여주인은 두 딸을 키우며 여러 가지 장사를 하다가 최종적으로 본인의 예금과 가계대출, 지인들의 차용 비용으로 오리탕 집을 개업했으나 조류인플루엔자 유행으로 망하게 되었다.

비어있는 이 오리탕 집에서 메타의 첫 강의가 시작되어 망한 오리탕 집의 여주인과 납품을 하던 업자, 주변의 상인 등 17명이 모였다. 거기서 메타가 피를 토해내듯 정열적으로 강의한 내용의 핵심은 자신과 같은 꿈을 꾸어서 성공자가 되면 10억 원을 일시 보너스

58

로 지급해 주고, 익산에서 가장 좋은 아파트에서 가장 많은 세금을 내는 사람으로 만들어 주겠다고 호언장담한 것이었다.

그때 메타가 타고 갔던 차량은 중고 고물 카니발이었다. 변변한 사무실이 없어서 차량에 제품을 잔뜩 싣고 다니던 시절이었다. 그러니까 차량이 창고와 사무실을 겸하고 있었다. 그런데 지금은 10억을 일시금으로 받은 사람이 무려 12명이나 탄생했고 앞으로도 계속 이어지고 있는 기적이 일어났다.

그리고 일개 사무실이 아닌 사옥을 건립했다. 대지 2만 6,430㎡ 8,000평, 연건평 1만 4,413㎡ 4,360평에 지하 1층, 지상 4층 규모의 건물로 건축대상을 받을 만큼 내외 경관이 수려하다. 메타가 성공의 아이콘인 것은 분명했다.

"그때 나는 1만 원 권으로 어떻게 10억 원을 성공한 사람에게 줘야 할지를 고민했어요. 신용불량자인 왕초가 밤새 고민을 하다가 지게차를 생각해냈고 그때 비로소 잠을 청했습니다."

거의 무일푼에 신용불량 상태의 메타는 초월자가 되어 미래의 성공을 이미 확신하고 성공 이후를 고민했다는 것이다. 차원이 달랐던 목표는 거기에 비밀이 숨겨져 있었다.

자신의 성공을 먼저 원한 것이 아니라 다른 사람의 성공을 메타는 꿈꾸고 있던 것이다.

그것은 메타뿐만이 아니고 나폴레온 힐이 만났던 강철왕 앤드류 카네기도 그랬다.

카네기는 자기 주변 사람들을 부자로 만들지 못한다면 자신 역시 부자가 되지 못한다는 생각을 지니고 있었다. 진정으로 성공하고자 원한다면 먼저 본인이 가진 열정, 노력, 희망, 비전을 주변과 나누어야 한다는 것을 철칙으로 삼았다. 그렇게 되면 다시 그들이 받은 에너지가 배수의 법칙으로 되돌아온다는 것이다.

누군가를 돕기 위해 희생하는 것은 희생이 아니다. 그것은 곧 나의 성공을 위한 씨앗이기도 하다. 나를 위해서 최선을 다해줄 사람을 찾지 말고 내가 먼저 그들을 위해서 최선을 다하면 된다. 내가 우선이 아니고 남이 우선이다.

이리되면 서로의 긍정 에너지가 모이고 쌓인다. 이 보이지 않는 힘은 어마어마한 폭발력을 가지고 내 성공의 기초가 된다.

성공 못하면 기적이다

생생하게 꿈꿀 때
목표는 이루어진다

그때 나는 갑자기 몸에서 전율이 일어남을 느꼈다. 나에게서도 차원을 달리하는 목표가 선명하게 떠올랐기 때문이었다.

"아, 생각났습니다."

그러자 나의 머리 윗부분이 반짝거리면서 즉각 메시지창이 생성되었다.

성공지수 30% 상승 / 축하합니다. 차원이 다른 목표가 설정되었습니다. / 매일 목표에 관해서 3분간 명상해야 레벨이 유지됩니다.

멘탈버스 내부라는 것이 실감 나는 순간이었다. 메타가 악수를 청해왔다.

"리치, 역시 좋은 목표를 설정한 모양이군. 이건 기대 이상인걸. 좋아, 아주 좋아!"

나폴레온 힐은 메타의 축하를 쉽게 이해하지 못했다. 나 역시 마찬가지였다.

"좋은 목표가 선정되었다는 것을 어떻게 아십니까?"

"성공지수 30%는 대단한 레벨업이지. 평균은 10%를 넘기기도 쉽지 않다네."

나폴레온 힐은 호기심이 가득한 얼굴로 나에게 물었다.

"차원이 다른 목표에 관심이 갑니다. 평균보다 3배나 높은 점수라니 궁금하군요. 리치, 우리에게 당신의 차원이 다른 목표, 꿈에 대하여 설명해줘요."

나는 나의 목표, 꿈에 관해서 공개한다는 것이 갑자기 두려워졌다. 말 그대로 꿈을 꾸는 것 아닌가. 공연히 그들에게 비웃음을 받을 수도 있지 않을까 하는 생각이 들었다. 내가 머뭇거리자 메타가 여유를 찾게 도와줬다.

"자신의 꿈을 숨겨둘 필요는 없어. 주변에 스스로 발표를 하는 것이 매우 중요하지. 이것도 일종의 훈련이 되고 습관이 되도록 노력이 필요해. 그러나 처음에는 누구나 두려운 마음이 드는 게 당연해. 이루지 못할 꿈을 선포한다고 주변의 눈총이나 비아냥을 받을 걸 두려워하는 거야. 허풍이나 망상으로 비칠 수도 있고. 그러나 기

성공 못하면 기적이다

다려 주겠어. 리치는 반드시 용기가 생기게 될 거야. 여긴 모든 게 이루어지는 공간이니까."

"그래요. 궁금하지만 강요하지는 않겠습니다. 리치의 꿈, 그 차원이 다른 목표를 언젠가는 공개해주시길 바랍니다."

나는 그들의 관심이 부담스러웠지만 다른 한편으로는 영광스럽기도 했다. 두 사람은 이미 명성만으로도 훌륭한 성공자들이 아닌가. 나폴레온 힐은 친근감 있는 미소를 보내줬다.

"오오, 리치! 그러나 꿈, 목표는 구체적으로 아주 상세하게 그리는 것이 좋습니다."

꿈을 구체적으로 적으라고 주문한 것은 메타의 '성공 못하면 기적 시스템'에서도 예외가 없었다.

"R=VD를 아시지요?"

'생생하게 꿈꾸면 이루어진다.' R=VDRealization = Vivid Dream 공식은 부자를 원하고 성공을 꿈꾸는 사람들에게 있어서는 일종의 원리처럼 인식되어 있기도 하다. 자신의 꿈, 목표의 이미지를 시각화하면 현실로 이루어진다는 것이다. 이 놀라운 원리는 지구상에서 성공자라고 불리는 모든 사람이 적용될 수 있는 대상이라고 어느 작가는 주장하였다. 그는 자기 암시를 통해서 완벽한 성공자로 변신한 사람들의 사례를 수도 없이 들었다.

20세기 가장 성공한 여성의 한 명인 화장품 업계의 기업가 에스테 로더부터 영화인 스티븐 스필버그, 해운업의 신화 오나시스, 화가 피카소, 과학자 아인슈타인, 그리고 투자의 귀재라 불리는 워런 버핏이나 손정의 등 헤아릴 수가 없다. 그렇다. 세기의 성공자들은 한결같이 자신의 꿈을 생생히 꾸었다. 꿈과 목표도 없이 그 정상의 자리에 오른 사람은 단 한 명도 없을 것이다. 그들은 자신의 성공 요인으로 꿈꾸는 R=VD 공식을 습관으로 삼았다고 주장했다. 눈을 뜨고 잠드는 순간까지 그들은 자신의 목표와 꿈을 생생히 소망했다.

메타가 자신의 기업에서 10억 원의 주인공을 발표하는 퍼포먼스를 할 때 항상 빠짐없이 등장하는 글귀가 R=VD 공식인 '생생하게 vivid 꿈꾸면dream 이루어진다realization'이다. 1만 원 권 10억 원의 거금을 한꺼번에 받고 매월 1억 원 가량의 소득을 올리게 되는 부자, 성공자의 탄생은 매년앞으로는 매월 발생 가능성 있다 이루어지고 있다.

여기서도 성공의 반열에 오른 사람들은 예외 없이 자신의 성공에 대해서 생생하게 꿈을 꾸었다고 증언한다. 메타는 그들에게 끊임없이 자신의 인생에 대한 시나리오를 작성할 것을 요구하고, 구체적으로 나열하도록 하며 끊임없이 반복하여 시각화하도록 유도하고 있다.

메타의 기업에서 최고의 정상에 오른 사업자는 영광의 자리에 올라서서 자신이 10억을 지게차로 받을 것을 미리 알고 생생히 꿈꾸었다고 이구동성으로 말한다. 그들은 메타의 '성공 못하면 기적 시스템'을 통해서 훈련된 끈기와 열정의 성공 전사戰士들이다.

자기 암시의 공식 R=VD는 인생의 지침이며 누구나 무료로 사용할 수 있는 성공 좌우명이다.

프랑스의 정치가이자 군인 나폴레옹 보나파르트는 혁명의 혼란 속에서 탁월한 재능을 발휘하여 황제의 지위에 올랐다. 나폴레옹을 R=VD의 성공자로 손꼽는 것은 그의 행동과 업적 하나하나가 마치 꿈에서나 이룰 법한 성공이었기 때문이다. 또 다른 하나는 수시로 그가 입 밖으로 외쳤던 언어에 있다. 상상의 단어를 구사하며 나폴레옹은 생생하게 꿈을 이루어나갔다.

– 사람은 그가 입은 제복대로의 인간이 된다! –

그래서 그는 황제의 꿈을 꾸었고 그 지위에 도달하기 위해서 불굴의 의지로 결단하고 도전하고 기어코 성취하였다.

대한민국에서 가장 존경받는 군인, 구국의 영웅 이순신 장군도 생생하게 꿈꾸면 이루어지는 R=VD 공식의 신념을 지니고 있다고 할 수 있다. 당시 정유재란丁酉再亂,1597년, 조선의 왕 선조는 조선 수군의 궤멸로 인해서 수군을 폐지시키고 육군과 통합하라는 명령을 내렸다. 이때 백의종군을 하다 다시 수군의 통수권자로 복권된 이순신은 급히 장계를 올린다.

– 신에게는 아직 12척의 전선戰船이 있사옵니다. 그 숫자가 절
　대 부족하고 신 또한 부족하오나 신이 살아있는 한 감히 적은
　조선의 바다를 넘보지 못할 것입니다. –

바다 위에서 이순신 장군은 무려 10배가 넘는 적의 함선을 상대로 필사즉생필생즉사必死則生必生則死의 정신으로 승리를 생생하게

꿈꾸었다. 살고자 하면 죽을 것이요, 죽고자 하면 살 것이다! 그는 자기 암시의 R=VD 공식 위에 화려하게 성공하여 대승을 거두었다.

나는 한때 그 무의식적인 사고의 힘에 대해서 불신을 지녔다. 지금도 이 R=VD 이론에 대해서 전적으로 부정하지는 않으나 그렇다고 100% 신뢰하지는 못한다.

언젠가 스스로 간절하게, 진정으로 절실하게 생생한 꿈을 꾸었던 적이 있었다. 나는 몰입했고 매일 꿈을 되뇌었다. 하지만 아쉽게도 그 생생한 꿈은 실패로 돌아갔다. 이것은 나 혼자만이 국한된 패배는 물론 아니었다. 나의 주변에도 그런 실패와 패배의 고배를 마신 사례들이 무수히 많았다. 이것의 원인이 궁금해졌다.

"알고 싶습니다. 생생하게 꿈꾸면 이루어진다는 R=VD 공식으로도 실패한 역사적 교훈이 많습니다. 물론 현실에도 빈번하게 있습니다. 왜일까요?"

메타와 나폴레온 힐이라면 해답을 지니고 있지 않겠는가. 나는 그들이라면 모두 옳은 답을 지니고 있다는 걸 믿어 의심치 않았다.

"상상만으로 모든 것이 이루어지는 법은 없습니다."

"생생하게 꿈꾸면 이루어진다는 R=VD 공식에는 그냥 생각하고 상상으로만 그치는 것이 아니고 그 공식이 내포하고 있는 진정성을 파악하는 게 핵심이지."

그러자 멘탈버스의 공간에 메시지가 작동했다.

성공 못하면 기적이다

언제, 왜, 무엇을,
어떻게 할 것인가?

성공 심리학의 'WWWH' 공식을 주목하라. 이것은 매우 쉽지만 중요
하다.

나는 공간에 떠오른 메시지를 머릿속에 기억하며 약삭빠르게
분석했다.

'WWW라면 world wide web이잖아. 전 세계에서 간단히 접속
할 수 있는 웹web? 그런데 H는 뭐지?'

나폴레온 힐이 나의 표정을 관대한 눈초리로 바라보았다. 마치
어린 아기를 유심히 관찰하는 인상이었다. 그리고 그는 나의 그릇
된 해석을 수정시켜주었다. 멘탈버스의 메시지 끝부분의 H는 어떻

게how를 뜻하는 부사였다. WWW는 what무엇, when언제, why왜를 의미한다. 심리학 분야에서 성공 공식으로 인정받고 있는 WWWH 는 성공에 대한 정확한 목표를 설정하기 위해서 우리가 주의하고 있어야 할 공식이다.

"R=VD를 제대로 수행하기 위해서는 생생한 WWWH를 요구합니다. 성공의 진정한 내용, 그 명확한 목표로 무엇을what 원하는지, 언제when 얻고 싶은지, 왜why 원하는지, 얻기 위해 어떻게how 할 것인지를 간절하게 꿈꾸어야 합니다."

나폴레온 힐은 성공 저술을 발표하기 위해서 20년 이상의 세월을 자료 수집과 분류, 집필에 보냈다. 그리고 약 14년간 16,000명가량을 조사 분석한 결과 매우 흥미롭고 놀라운 사실을 발견하기에 이르렀다. 대상 인원 1만 6,000명 중에서 약 95%에 해당하는 1만 5,200명이 실패자였고 단지 5%에 해당하는 800명이 성공한 측에 든 것이었다.

이 과정에서 가장 놀라운 수치는 실패자로 분류된 95%가 자신의 인생 목표가 명확하게 설정되어 있지 않았다는 점이다. 반면에 성공한 5%는 R=VD가 바탕이 된 WWWH가 확고하게 자리 잡고 있을 뿐만 아니라 목표를 달성하기 위한 플랜을 갖추고 있었다.

"그리고 무엇보다 중요한 사실은 성공한 5%는 자신이 진정으로 즐거운 일을 하고 있었고, 실패한 95%는 마지못해 그 일에 종사하고 있다는 겁니다."

인정한다. 가장 좋아하고 즐기는 일을 하면서 실패자가 될 수 있는 확률은 거의 없다. 하지만 냉정하게 생각하면 그렇지도 않은 것이 현실이다. 자신이 좋아하고 즐기는 일로 성공하는 사람이 많은 세상이라면 우리는 성공에 대해서 크게 고민하지 않아도 된다. 그냥 내가 하고 싶은 일만 하면 되지 않겠는가?

요즘 청소년들이 가장 선망하는 직업 중의 하나가 아이돌, 연예인이다. 그들은 춤추고 노래하며 기꺼이 행복하게 예술의 삶을 희망한다. 그렇지만 성공할 수 있는 비율은 극히 협소하다. 그 안에서 치열한 경쟁의 과정을 통하여 아주 극소수의 제한된 재능의 사람들만 선택받는다. 스포츠 스타들도 마찬가지고 시인과 소설가 의사, 변호사 심지어 학원 강사에 이르기까지 그 벽은 견고하다. 내가 좋아서 하는 일이지만 성공을 보장받을 수 없다는 것이 결론이다.

메타는 이 대목에서 '성공 못하면 기적 시스템'을 비교했다. 그 시스템 과정을 통하여 최고의 자리에 오른 사업자는 누구를 막론하고 생생한 꿈의 목표가 무엇what이고 언제when 달성할 것이며 왜 why 원하는지 자신의 인생 시나리오를 세부적으로 꼼꼼하게 작성해온 사람이다. 그 과정에서 어떻게how 사업을 전개해야 하는지가 구체적이고 체계적으로 형성되는 것이다.

나폴레온 힐은 메타에게 감탄을 연발했다.

"훌륭합니다. R=VD에 WWWH의 공식이 첨부되었으니 그야말로 성공 못하면 기적의 시스템이 완성된 것이군요."

생생하게 꿈꾸는 목표가 이루어지기 위해서는 목표의 조건이 명확해야 한다는 점이 강조되었다.

목표가 무엇인가?what

언제까지 이룰 것인가?when

왜 그 꿈을 원하는가?why

어떻게 이룰 것인가?how

나는 R=VD와 WWWH를 머릿속으로 그리며 내가 원하는 성공을 대입시켜보기로 했다. 이것만 하면 성공할 수 있다면 100번이라도 해야 하지 않겠는가. 4개의 단어 하나하나가 소중한 꿈을 이루어가는 퍼즐puzzle처럼 느껴졌다.

멘탈버스의 메시지창에 '쉽지만 중요하다.'고 강조됐다면 그 이유가 있지 않겠는가. 퍼즐이란 시행착오를 거쳐가며 창의적이고 논리적인 사고를 통하여 일정한 패턴과 모순을 파악하는 일이다. WWWH 또한 뛰어난 관찰력을 사용하여 감춰진 출제자의 진실을 풀어내야 한다.

왜, 어떤 목표를 설정한 것인가?

언제까지 어떤 방식으로 도달할 것인가?

내가 생각을 집중하고 있을 때 나폴레온 힐은 불쑥 또 다른 공식을 던졌다.

모든 것은 긍정적
마음가짐에서 시작된다

"아무리 그래도 그 모든 바탕에는 PMA가 반드시 충족되어 있어야
합니다."

뭐야? 이건 또 뭔 공식인가?

PMA란 긍정적positive 마음mental 자세attitude 즉 긍정적인 마음에서
비롯된 올바른 자세나 태도다.

멘탈버스의 메시지창이 유난히 반짝였다. 인정하지 않을 수 없
는 내용이었다. 부정적인 사고의 사람이 성공했다는 소리를 들은

적이 없다. 나폴레온 힐은 물을 만난 물고기처럼 신나서 자신의 저서에서 발표했던 글을 인용했다.

"PMA긍정적인 올바른 마음가짐는 다음 네 개의 요소를 포함하고 있습니다. 첫째는 정직하고 균형 잡힌 사고방식, 둘째는 성공적인 의식, 셋째는 삶을 관대하게 포용하는 철학, 그리고 마지막 넷째는 올바른 행동과 올바른 반응을 보이는 능력입니다."

① 정직하고 균형 잡힌 사고방식
② 성공적인 의식
③ 삶을 관대하게 포용하는 철학
④ 올바른 행동과 올바른 반응을 보이는 능력

나는 공감하고 동조했으나 메타는 평소 본인이 하던 생각을 덧붙였다.

"정직을 바탕으로 자신의 환경을 포용하고 어떤 불가능한 상황일지라도 긍정의 자신감으로 무장해서 올바르게 인생을 개척해 나가는 정신의 소유자! 그것이 바로 PMA지요!"

메타가 소유한 PMA의 정의는 아마도 '성공 못하면 기적 시스템'에 고스란히 반영되어 있을 것이 분명했다.

무일푼에서 보험업으로 미국 50대 부자에 선정되었던 클레멘트 스톤은 자신이 완성한 보험제국에 대해서 '긍정적인 마음 자세PMA

: positive mental attitude'로 시스템을 완성했다고 생전 인터뷰에서 역설했다.

"PMA는 가치 있는 성공을 달성하는 가장 중요한 요소다. 이것은 주어진 상황에서 하나님의 율법과 타인의 권리를 침해하지 않는 바르고 정직한 생각, 행동, 반응이라고 할 것이다."

그의 '긍정적인 올바른 마음가짐'은 보험업종에 있어서 타의 추종을 불허하는 성공 요인으로 주목받았다.

그렇다면 생생하게 꿈꾸면 이루어진다는 R=VD와 성공 심리학 공식이라고 생각하는 WWWH, 그리고 PMA 라면 성공 시스템이 완비되는 것이 아니겠는가.

전방위적으로 PMA를 주창했던 당사자 나폴레온 힐이 눈앞에 있으니 얼마나 감사한 일인가.

"PMA가 성공에 있어서 얼마나 중대한지 직접 설명을 듣고 싶습니다."

나폴레온 힐은 감회가 깊은 모습이었다. 시공간을 훌쩍 넘어서 21세기에 자신의 법칙을 말하다니. 그의 자세가 갑자기 숙연해지는 것만 같았다.

"PMA는 실로 대단한 성공 이론입니다."

메타는 고개를 끄덕이며 인정했다. 나는 최대한 경청하는 자세를 취했다.

"메타, 차원을 달리하는 것, 초월을 자신의 성장 도구로 사용하고 계시지요. 저의 성공 이론 PMA야 말로 저의 시대에서는 차원을 달리하는 놀라운 성공 법칙이며 비법이었다고 할 수 있습니다."

PMA '긍정적인 올바른 마음가짐'의 정의를 분석한다면 다음과 같다.

P positive, 긍정적는 소통, 정직, 신용, 친절, 성실, 희망, 낙천, 불굴의 용기, 도전정신, 독창성, 근면 등 인생의 장점을 모두 수용하고 있다.

M mental, 정신은 육체가 아닌 마음과 정신의 힘으로 나의 기분과 성품, 인격을 지배하는 것이다. 정신은 인류만이 가진 위대한 자산으로 나를 창조해내는 힘의 원천이다.

A attitude, 마음가짐는 올바른 자세와 태도로 자신이나 타인에 대한 공경의 마음가짐을 내포하고 있다.

'긍정적인 올바른 마음가짐'은 필연적으로 우리가 습득해야 할 매우 중요한 자산이다.

사실 어떻게 생각하면 이것들은 이미 가정이나 유치원 생활에서 이미 학습한 내용이다.

작가 로버트 풀검은 대표작 〈내가 정말 알아야 할 모든 것은 유치원에서 배웠다〉를 통해서 '삶의 지혜는 대학원의 상아탑 꼭대기가 아니라 바로 유치원의 모래성 속에 있다.'고 알려준다. 이러한 마음가짐은 유년기부터 가정과 유치원, 학교로부터 학습해 온 것이었다.

성공 못하면 기적이다

"PMA를 제대로 이해한다면 리치가 해답을 구하고자 하는 '나의 성공 시스템'에 가장 핵심으로 작용하게 될 것이 분명합니다."

나는 반박하지 않았다. 다만 PMA를 머릿속으로 여러 번 반복하며 되새겼다. '긍정적인 올바른 마음가짐'을 지니는 것이 어려울 것 같지는 않았다.

"좋은 유치원을 나왔습니다."

나의 유머를 나폴레온 힐이 가볍게 응수했다.

"유치원에서도 강의한 경험이 있습니다."

"설마요?"

"어린아이들 눈높이에서 PMA를 설명했습니다. 기억에 남는 것은 남녀 아이들이 어째서 각각의 남녀 화장실을 가야 하는지를 알려주는 일이었지요. 출입에 대한 에티켓과 마무리로 손을 씻고 나오는 청결까지요."

"물론 성공적인 강연이 되었겠군요."

나폴레온 힐이 정색했다.

"실패했습니다. 여자아이 하나가 남자 화장실을 찾아갔습니다. 그러나 그 이유는 매우 간단했습니다. 남자 화장실에 비치되어있는 화장지가 더 예뻤다는 겁니다."

메타가 즐거운 표정을 지으면서 '성공 못하면 기적 시스템'의 PMA를 소개했다.

"우리는 여러 부분에 대해서 긍정적인 올바른 마음가짐을 도입하고 있습니다. 그중에서도 PMA가 가장 빈번히 빛을 발하는 곳을 설명해보겠습니다."

네트워크 마케팅 업종이란 유통 플랫폼을 강조하기는 하지만 국내에서는 다단계로 분류되어 주목을 받지 못하고 있는 것이 주지의 사실이다. 그러나 글로벌로는 세계연맹직접판매협회World Federation Direct Seling Associations가 활동하고 있으며 국내에도 공제조합이나 사단법인 한국직접판매산업협회란 공식적인 단체가 존재한다.

"직접 판매라는 것은 결국에 사람과 사람이 네트워크로 연결되어 판매하는 것입니다. 앞으로는 초연결hyper-connected사회가 불가피합니다. 이런 사회일수록 대면과 태도가 중요해지는 법이지요. 우리 '성공 못하면 기적 시스템'에는 PMA 기반의 콜센터가 있습니다."

나폴레온 힐이 고개를 갸웃거렸다. 그 순간에 메시지창이 빠르게 작동되었다.

초연결hyper-connected이라는 말은 2008년 미국의 IT 컨설팅 회사 가트너The Gartner Group가 처음 사용한 말이다. 초연결사회는 인간과 인간, 인간과 사물, 사물과 사물이 네트워크로 마치 거미줄처럼 촘촘하게 연결된 사회를 말한다. 4차 산업의 정보, 기술 네트워크가 집약되는 형태.

성공 못하면 기적이다

메타는 초연결 사회 시대를 준비하는 서비스로 자신의 기업의 콜센터에 PMA를 적용하였다. 하루에도 수백, 수천 통의 고객을 응대하는 직원들에게 '긍정적인 올바른 마음가짐'을 구축할 수 있도록 교육하였다. 메타가 그들 콜센터 직원들에게 당부한 내용은 매우 간단했다.

'여러분은 회사를 위해서 고객과 상대하지 말고, 그 고객의 편익을 위해서 회사를 상대로 투쟁해주세요!'였다.

한 마디로 회사를 위해서 고객과 싸우지 말고 고객을 위해서 회사와 싸워 달라는 요구였다. 메타는 스스로 내용의 메뉴얼을 작성해서 콜센터에 비치했다고 한다. 빈틈없이 소홀하지 않은 이런 경영 노력으로 인해서 시스템은 견고해지고 완숙되어간 것이다.

공정거래위원회와 한국소비자원이 주관하는 소비자중심경영 CCM : Consumer Centered Management을 인증받는다는 것은 기업에 있어서 매우 까다로운 절차를 요구한다. 메타의 네트워크 플랫폼 기업은 동종 업계에서 처음으로 CCM에 선정되었다.

"우리가 소비자중심경영을 인증받게 되는 영광을 누린 것은 직원 개개인의 PMA가 탁월했기 때문입니다."

메타는 PMA의 가치를 증명했고 실현했다.

긍정의 사고가 당신의 소유가 된다면 당신 내부에 잠들어 있던 경이로운 자신을 발견할 수 있게 된다. 어떤 좌절에도 굴복하지 않는 에너지가 솟구쳐 오른다.

그것이 메타의 '성공 못하면 기적 시스템'에 중요하게 적용되었다면 '나의 성공 시스템'에도 PMA '긍정적인 올바른 마음가짐'은 절대적이다. PMA를 다시 암기했다.

내가 얼마나 거기에 골몰했던지 정신을 차리고 주변을 살펴보다가 깜짝 놀라고 말았다.

'이분들이 어디로 사라졌지?'

동행하고 있던 메타와 나폴레온 힐이 먼저 다음 코스로 이동했는지 보이지 않는 것이었다. 나는 서둘러 한동안 사방으로 찾아다녔으나 발견할 수가 없었다.

내가 혼자 서성거리며 낙담하고 있을 때 먼저 떠났던 데일 카네기 아바타를 다시 만나게 되었다. 진짜 반가웠다.

"혹시 메타와 나폴레온 힐을 보지 못하셨나요?"

데일 카네기는 신비한 미소를 머금었다.

"그들을 잃어버렸군요. 구성원과의 관계는 매우 중요하지요. 같은 길을 걷는 동행자와의 합심과 조화는 매우 중요하답니다."

그쯤은 알고 있다고 반박하고 싶었으나 나의 실수였으므로 깨끗하게 인정했다.

"내 생각에만 골똘히 빠져 있었습니다."

"'긍정적인 올바른 마음가짐' PMA요?"

내가 고개를 끄덕여 수긍하고 있을 때 끝내는 메타와 나폴레온 힐이 나를 찾기 위해 돌아왔다. 나의 독자행동이 모두를 불편하게 만들어서 미안한 마음이었다.

그러나 그들은 내게 화를 내지도 않았고 불평하지 않았다. 카네기와 메타, 나폴레온 힐은 이미 인사를 나눈 듯 서로 친근해 보였다. 데일 카네기는 자신의 스마트폰 화면을 공개했다.

"리치에게 필수 코스지요."

그것은 입장권이었다.

PART 3
승리를 좌우하는 조직의 힘
Group Power

"지상에서 가장 완벽하게 조합된 힘의 균형을 마스터 마인드라고
부르고 싶다. 아름다운 조화이며 정의로운 협동심의 위대한 철학!"

조화를 이루지 못한
조직은 소용없다

새로운 세상이 열리고 있었다. 우리는 어느 웅장한 타원형의 경기장으로 이동되었고 우레와 같은 함성이 진동했다. 주단 같은 초록의 잔디 물결 위에서 포효하는 야생의 동물처럼 선수들의 각축전이 벌어지고 있었다. 카네기와 나폴레온 힐의 흥분된 목소리가 들려왔다.

"여긴 축구장이군. 와우!"

"세계 최고의 스포츠 리그인 잉글랜드의 프리미어리그야."

나는 아드레날린이 확 분비되는 느낌을 받았다. EPL이라면 잉글리쉬 프리미어리그English Premier League로 대한민국의 손흥민 선수가 활동하는 무대가 아닌가. 축구를 아는 대한민국 사람이라면 손Son의 팬이 아닌 사람이 어디 있으랴. 신명이 났으나 성공과 축구가 무슨 관계라서 이 장소로 안내됐을까?

영국 프리미어리그에서 성공한 축구선수 손Son을 통해서 배우는 마스터 마인드

메시지창이 떠오르자 메타가 무릎을 쳤다.

"멘탈버스가 성공의 모델로 프리미어리그와 손흥민 선수를 우리에게 소개하는군."

카네기와 나폴레온 힐은 다소 상기된 얼굴이었다. 그들은 영국 프리미어리그 2021-2022 시즌에서 득점왕을 차지한 대한민국의 손흥민에 대해서 알지 못하는 것이 당연했다. 마침 경기는 손흥민이 아시아 최초의 프리미어리그 득점왕을 노리는 정규리그 마지막 38라운드 노리치시티와의 대결이었다. 나는 이 시합을 손에 땀을 쥐고 관람한 전력이 있었다. 나는 이 경기의 결과를 이미 알고 있었으므로 궁금증은 다른 것에 있었다. 나폴레온 힐에게만 살짝 물었다.

"마스터 마인드란 무엇입니까?"

하지만 나폴레온 힐은 그라운드에 흠뻑 빠져 있었다. 손흥민은 이 경기에서 반드시 골을 넣어야 득점왕에 오를 수 있는 중요한 순간이다.

"슛---!!"

모우라 선수의 프리킥을 이어받은 볼이 운 좋게도 손흥민의 앞으로 떨어졌다. 짧은 순간 손흥민이 상대방 수비수를 따돌리면서 그대로 슈팅을 시도했다. 이번에는 관중들뿐만 아니라 카네기와 나폴레온 힐, 메타도 함성을 내질렀다.

"와아아----골----인!!"

손흥민 선수의 킥은 아름다운 궤적을 그리면서 노리치시티의 골망을 출렁이게 했다. 다시 봐도 통쾌하고 감격스러운 장면이었다. 동료들은 일제히 달려와서 손흥민을 끌어안고 바닥을 뒹굴었다. 급기야 누군가는 손흥민을 번쩍 안아 올려서 승리의 환호를 표현했다.

이 장면에서 나폴레온 힐이 나직한 음성이지만 또렷하게 나에게 전달했다.

"저것이 바로 마스터 마인드입니다."

카네기와 나폴레온 힐이 과거의 사람이라고 생각한 것은 나의 착각이었다. 그들은 이미 시공간을 초월한 멘탈버스의 아바타들이었다.

"득점왕이 된 손흥민을 끌어안고 기쁨에 들떠서 난리 치는 저 모습 말입니까?"

나폴레온 힐은 열광하는 관중들과 손흥민 선수 주변에서 환호하는 동료 선수들을 가리켰다.

"그렇습니다. 이 경기장 전체에 마스터 마인드가 존재합니다. 프리미어리그, 관중들, 선수들이 생생하게 살아있는 마스터 마인드지요. 마스터 마인드란 간단히 정리한다면 성공을 위해 기초를 다지는 작업을 의미합니다. 한마디로 조화입니다. 아름답고 정의로운 조화!"

아름답고 정의로운 조화!

메타가 나폴레온 힐의 저서에서 기억을 떠올렸다.

"마스터 마인드는 가장 이상적인 협동의 상태로 일종의 완벽한 조합을 의미하는 것 아닙니까?"

"역시 초월자는 다르시군요. 그렇습니다. 둘 이상의 완성된 조화의 연합입니다. 이 원리를 가리켜 마스터 마인드라고 합니다."

나폴레온 힐이 정의한 마스터 마인드는 두 명 이상의 사람들이 자신의 재능과 지식, 노력 등을 조화롭게 공유하여 주어진 과제, 혹은 명확하게 설정된 목표를 달성하는 발전된 마음의 상태이다.

강철왕 앤드류 카네기를 만나서 성공의 첫 번째 요인을 물었을 때 그는 마스터 마인드 그룹이라고 당당하게 선언했다고 한다. 카네기의 성공 신화 배경에는 신뢰의 동행자그룹이 함께 하고 있었다. 홀로 단신으로 성공하는 예는 드물다. 성공하는 사람의 주변에는 그와 함께 진심으로 교류하는 동반자들이 있기 마련이다.

애플의 스티브 잡스에게는 스티브 워즈니악, 조너선 아이브 등의 협력자가 있었고 마이크로소프트의 빌 게이츠에게는 스티브 발머와 크레이그 먼디 등이 그 역할을 이행하고 있다.

"토트넘에서는 손흥민과 해리 케인이 그런 환상적인 조합이란 말씀이군요."

그들 손과 케인 듀오는 EPL 최고의 마스터 마인드이며 토트넘 자체가 하나의 마스터 마인드 그룹이라고 할 수 있다. 영국의 프리미어리그는 문화의 교집합이라고 할 만하다. 남미와 유럽뿐만 아니라 아프리카, 아시아 선수까지 모여 경기장에서 치열하게 경쟁한다. 콜로세움과 유사한 전투장에서 다민족 집단이 충돌하고, 각자 새로운 역량을 표출한다. 세계 최고의 프로축구리그 중 하나인 잉글랜드 프리미어리그에서는 최고 수준의 플레이어들이 최고의 흥행 성적을 내며 최상의 수준 높은 경기를 통하여 관중에게 격조 있는 열광의 서비스를 안겨준다.

이 또한 마스터 마인드의 효과이다. 이들은 자신들이 지닌 기술과 재능, 체력, 투지, 승리에 대한 염원을 모조리 발휘한다. 오직 팀을 위해서 혼신의 기량을 뿜어내는 것이다. 이 마스터 마인드 연합이 프리미어리그 EPL을 세계 최고 수준이 될 수 있도록 견인했다고 할 수 있다. 놀라운 신화의 원동력이 거기에 있었다.

"프리미어리그가 세계 최고 수준이 될 수 있었던 근본 이유가 정말 마스터 마인드에 있다고요?"

"리치는 축구에 관심이 많군요. 아니면 손 선수인가요?"

"둘 다입니다."

"오호, 그렇다면 프리미어리그에 대해서 조금 더 깊이 생각한다면 그 해답을 빠르게 찾을 수 있을 겁니다."

나는 축구에 대한 지식을 더듬었다. 본래 영국은 축구의 종주국임에도 불구하고 과거 80년대만 하더라도 잉글랜드 축구리그는 독

성공 못하면 기적이다

일의 분데스리가나 이탈리아의 세리에 A, 스페인 프리메라리그에 비교해서 인기가 현저히 떨어졌다. 결국에 영국축구협회 FA는 1992년 리그의 혁신과 발전을 위해서 특단의 조치로 1992-1993년 시즌에 새롭게 프리미어리그를 출범시킨 것이다. 위기 속에서 탄생한 이 리그는 그로부터 불과 15년 만에 세계 최고 프로축구리그가 되었다. 이 놀라운 결과의 원동력이 바로 마스터 마인드라는 것이 아닌가.

손 선수는 누구보다도 마스터 마인드를 실천한 선수로 정평이 나 있다. 그는 자신의 기량을 최고조로 연마하기 위해서 혹독한 연습의 과정을 이겨냈고 어린 나이에 해외로 축구 유학을 떠나서 이질적인 문화와 인종의 편견을 극복해 냈다. 결코 쉽지않은 여정 속에서 끊임없이 자신을 성찰하며 팀을 위해 희생할 수 있는 인성을 쌓아나갔다. 팀을 위한 플레이어로 그는 토트넘 홋스퍼를 지휘했던 감독 전원에게 가장 사랑받는 선수가 되었다. 동료선수들 역시 헌신과 배려의 손흥민 선수에게 매료되었고 홈 관중들은 팬을 위한 섬김의 서비스를 마다하지 않는 그에게 열광했다.

그의 인기는 축구의 자질만으로 만들어진 것이 아니라 마음의 단련으로 습관화되어 버린 정신의 산물이다. 그의 영광은 피와 땀의 고뇌로 완성되었다. 이런 손흥민 선수를 지배하는 정신의 마음가짐이 바로 마스터 마인드인 것이다.

신뢰와 희생으로 협동하는
손흥민과 동료들

프리미어리그는 철저한 무한경쟁 시스템을 도입했다. 영국 프로리
그는 1부프리미어리그 20개 클럽과 2부, 3부, 4부 각 24개씩 총 92개
클럽으로 이루어져 있다. 매년 정규 시즌이 마무리되면 하위 3개
팀이 2부 리그로 강등된다. 그리고 다음 시즌에는 2부 리그 상위
3개 팀이 자동으로 프리미어리그로 승격한다. 2부 리그 종료 후 1,
2위 팀만 올라오고 나머지 한 팀은 리그 3, 4 ,5, 6위 팀들끼리 다시
격돌하여 선정하는 방식이다.

그야말로 죽음의 경쟁이 아닐 수 없다. 생존하기 위해서는 선
수, 감독, 구단이 혼연일체가 되어 움직일 수밖에 방도가 없다. 1부
리그와 2부 리그의 차이라는 것은 하늘과 땅 만큼의 간격이 있다.
2, 3, 4부 리그에서 벗어나려는 본능적인 생존을 위해서 그들은 누

성공 못하면 기적이다

구보다도 협조하고 연합해야 한다. 모두가 죽을힘을 다해 승리를 향해서 뛸 수밖에 없다. 사즉생死卽生 궁즉통窮則通이라는 말처럼 살기 위해 죽을힘을 다하다 보면 생존을 위한 통로가 열린다.

스포츠에 있어서 축구란 종목은 절대적으로 팀플레이가 요구된다. 손흥민과 해리 케인 조합은 마스터 마인드가 요구하는 최적의 조합으로 EPL 역사상 가장 많은 합작 골을 생산해내고 있다. 현재까지 40여 골이지만 이 기록은 계속 늘어날 전망이다. 자신의 골 욕심을 인내하고 더 좋은 위치의 상대에게 어시스트 하는 희생의 자세가 서로에게 있어야만 성공의 조화가 이뤄지는 것이다.

이 과정에서 가장 필요한 부분이 있다면 믿음 즉 신뢰와 헌신이라고 할 수 있다. 개인적 욕망을 자제해야 하는 이타적인 플레이가 요구된다. 해리 케인과 손흥민은 이런 점에서 훌륭한 자세를 보여줬다. 그래서 그들은 최고의 듀오가 되었고 손흥민은 2021-2022시즌 득점왕에 올라서 골든 부츠 트로피를 받는 영광을 안았다.

마스터 마인드는 그들에게만 적용된 미션이 아니고 토트넘 전체에 부여되어 작동했다. 감독 콘테는 이탈리아 출신의 지도자로 어려움을 겪고 있던 토트넘 홋스퍼에 2021년 부임하여 부진했던 팀을 극적으로 4위까지 끌어올렸다. 토트넘은 그 다음 시즌 유럽축구연맹UEFA 챔피언스리그 진출권을 획득하여 지난 2018-19시즌 이후 3시즌 만에 세계 정상의 프로 클럽 무대에 오르게 되는 쾌거를 이루었다.

챔피언스리그 진출은 유럽 축구 연맹UEFA이 주관하는 축구 대회로, 매년 유럽 각국의 리그에서 최상위 성적을 거둔 총 32개 클럽이 모여 유럽 최강의 축구 클럽을 결정하는 대회이다. 유럽은 세계 축구의 중심이며, FIFA 주관 월드컵은 국가 대항전이므로 챔피언스리그가 실질적으로 세계에서 가장 권위 있는 클럽 축구 대회라 해도 과언이 아니다.

프리미어리그의 생산적인 확산을 위해서는 무엇보다도 최고 수준의 플레이어들이 필요하지만, 그것만으로는 충분치 않다. 최고의 플레이, 독창적인 플레이, 창의적인 플레이를 위해서는 최고 수준의 경쟁 리그가 필요하다. 무한대의 치열한 경쟁은 흥미를 유발하고 그 업종을 발전시킨다. 불과 15년 만에 축구의 종가답게 영국은 프리미어리그를 완성해냈다.

"이건 대단한 성공이지요."

마스터 마인드를 설명하는 나폴레온 힐의 눈빛은 별빛처럼 반짝였다.

"마스터 마인드가 작동하지 않았다면 프리미어리그는 오늘날에도 그냥 평범한 리그였을 겁니다. 영국축구협회는 1부 리그의 20개 팀에게 높은 기량의 창의적 플레이를 요구하며 선수단 운영에도 까다로운 조건을 내걸었습니다."

프리미어리그에는 영국의 자국 선수를 보호하기 위한 제도는 기본이고 비유럽 국가의 역량 있는 선수라 할지라도 예외 없이 평하는 제도가 갖춰져 있다. FIFA 랭킹으로 나라의 순위를 따지거나 국가 간 A매치 경기에 출전하는 경력도 평가 대상에 포함된다. 즉 자국 대표팀 소속에서 보인 선수의 능력도 파악하겠다는 의도이다. 스카우트 과정에서 그 모든 것이 해부당하고 분석되어진다.

프리미어리그는 모든 구단이 하나로 단합되어 까다롭고 배타적인 이 규칙을 수행했다. 그 결과 최고의 역량을 갖추고 있는 선수들이 영입되었고 그들은 자신만의 독창적이고 창의적인 플레이를 통해 포지션의 심판을 받는다. 그 엄청난 경쟁 속에서 수용되어 명예와 부를 움켜쥐거나 아니면 누락되어 방출당하기도 한다.

"챔피언스리그는 현존하는 지구상의 스포츠 중에서 가장 막대한 상금을 줍니다. 프리미어리그 선수들도 유명세에 오르게 되면 거액의 급료를 받게 됩니다. 참고로 손흥민 선수의 주급이 얼마인지 혹 아십니까?"

나폴레온 힐의 질문이 떨어지기가 무섭게 메시지창이 켜졌다.

손흥민 선수의 주급은 14만 파운드2억 1,888만 원**이고 연봉으로는 728만 파운드**113억 8,424만 원**이다.**

"공식적으로 아시아 축구선수 중 최고입니다. 거기에 비공식으로는 주급이 20만 파운드라는 이야기도 있습니다."

프리미어리그는 철저한 마스터 마인드에 의해서 조직력이 집중화되어 있다고 할 수 있다. 구단과 선수들이 탄력적으로 융화되어 시시각각 카멜레온처럼 변화에 대응하여 관중들과 호흡한다. 최상의 A급 리그다운 경기력을 확보하고 플레이하기 위해서는 탁월한 스타급 선수가 필요하다.

그들은 천문학적인 금액을 선수 개개인에게 베팅한다. 독창성과 창의성으로 무장한 선수들 역시 최고 수준의 대우를 받으며 스포트라이트를 받을 수 있는 현장을 원한다. 꿈의 그라운드이다. B급 리그에서는 B급 수준의 탁월성밖에 발휘할 수 없다. 그래서 프리미어리그는 지구처럼 둥근 공에 모든 조화를 설계하였다.

심지어 관중들의 만족도를 조사하여 경기장의 선수들 행동 하나하나를 현미경으로 주시하듯 카메라를 배치하기도 한다. 선수들의 열정을 송두리째 팬과 호흡하기 위해서 그들이 흘리는 땀방울과 근육의 미세한 파동까지 생생하게 현장에서 중계하고자 노력하는 것이다.

경기장을 찾은 팬들과 선수들이 마치 하나가 되어 플레이하는 듯한 공감대를 형성하여 몰입의 즐거움을 선사한다.

"마스터 마인드의 성공 이론이 거기에 들어있는 겁니다. 서로의 협력과 조화를 통하여 목적을 달성하는 것이지요. 프리미어리그는 관중들, 팬들의 호응이 있어야 존재의 가치가 있습니다. 즉 고객이 만족할 수 있도록 지속적인 관심과 호응을 이끌어내야 합니다."

성공 못하면 기적이다

토트넘 홋스퍼의 훌륭한 경기를 관전하던 데일 카네기가 문득 지적하고 나섰다.

"스포츠 스타들에게 특히, 프리미어리그의 축구선수들에게 요구되는 마스터 마인드는 그 외에 또 다른 개념이 있을 것으로 보입니다. 이런 저의 의견에 대해서 어떻게 생각하십니까?"

이 질문에 대해서 나폴레온 힐은 잠시 머뭇거렸다. 어떤 대답을 해줘야 할지 고려하는 모습이었다. 문득 내가 망설이지 않고 발언에 나섰다. 사실 나는 손흥민과 프리미어리그의 열렬한 팬이었다.

"차원이 다른 창의성이 필요하다고 생각합니다."

서로가 낯선 환경 속에서
발휘되는 창의력

나폴레온 힐이 정의한 마스터 마인드는 고전의 진리였다. 어떤 목
표를 향해서 두 명 이상의 집단이 PMA긍정적인 올바른 마음가짐로 개
개인의 역량을 총동원하여 성공적으로 달성하는 프로그램이라고
할 수 있다. 그러나 세상은 변했다. 오늘날에는 더욱 창의적인
PMA가 요구된다.

세계적인 명성의 심리학자이며 저술가인 칙센트미하이 교수는
각 분야의 창조적 업적가 100인을 인터뷰하여 〈창의성의 즐거움〉
이란 책을 발표했다. 단순히 창의적 인물들을 고찰만 한 것이 아니
라 창의라는 영역과 현장, 그것을 바탕으로 우리가 어떤 창의적인
삶을 살아야 할지를 제안하기도 한다.

창의성은 단순한 추상적인 개념이 아니라 잠재적 자아의 표출

성공 못하면 기적이다

이다. 지능지수도 아니고 아이디어의 차원도 아니다. 사실상 창의성이란 자신이 어떤 프레임 안에 갇혀 있을 때, 그것을 뚫고 나오고 말겠다는 파괴 혁신의 의지와 필사적인 투쟁을 발휘하는 인간 고유의 잠재의식적 특징에 가깝다.

창의성의 대명사라고 할 수 있는 레오나르도 다빈치는 '절대 쇠붙이에 그치지 말고 면도날이 돼라.'고 충고했다. 쇠붙이나 면도날이나 쇠는 쇠다. 하지만 하나는 예리하기 그지없다. 깨어있는 칼날이다. 다른 하나는 단순한 쇠붙이다. 죽어있다. 평범한 쇠붙이가 자신의 존재감을 드러내는 면도날이 되기 위해서는 숫돌이든 기계든 끊임없이 갈리는 단련이 필요하다. 이 부단한 노력이 결국에는 격차를 만들고 종국에는 전혀 경험해보지 못한 새로운 차원을 창조해내게 된다. 창의성의 원천은 바로 노력이라고 할 수 있다.

"쉽게 말해서 창의성이란 창조적인 것을 만들어내는 성질인데, 문제는 이게 어떤 때 발휘되는 겁니까?"

누구의 질문인지 명확하지 않았으나 나는 배운대로 답변했다.

"창의적인 힘이 가장 쉽게 발휘될 때는 집단지성을 이룰 때입니다. 다시 말해서 조직이 참여하는 시스템이죠. 여기에는 필수적으로 인내와 협의와 교육이 밑바탕 되어야 합니다."

나폴레온 힐이 나의 말에 공감을 표시했다.

"나의 고전 공식 PMA, 즉 긍정적인 올바른 마음가짐은 특히 미래 세상에서 더 중요합니다."

카네기는 질주하고 돌파하고 패스하는 경기장 안의 선수들에게 눈을 떼지 못하고 있었다.

"저들의 플레이 하나하나가 절묘한 조화를 이루고 있습니다. 과연 세계 최고 수준의 선수들이라 다르군요. 마치 내가 선수가 되어서 스타디움을 누비는 듯한 흥분감이 듭니다. 완전히 새로운 경험이에요."

"선수 개개인이 월드클래스가 되지 못하면 프리미어리그의 참여가 불가능합니다. 유럽이든, 아시아든, 아프리카든 각 나라의 대표급인 독창적이고 창조적 선수에게만 자격이 주어진다고 생각하면 됩니다."

설명을 묵묵히 듣고 있던 메타가 고개를 끄덕이며 동조했다.

"차원이 다른 창의성은 집단으로 발휘되어 그 가치를 증명하는 겁니다. 오늘 토트넘 홋스퍼가 챔피언스리그에 출전할 수 있는 자격을 획득했습니다. 그들은 그 승리의 목표를 위해서 감독을 비롯한 구단과 선수 전원이 똘똘 뭉쳐서 난관을 돌파한 것입니다."

2021-2022 시즌 최종 경기에서 토트넘 홋스퍼는 노리치시티를 상대로 5:0의 승리를 거두며 38라운드 경기를 모두 끝냈다. 우리는 스타디움의 전 선수들에게 격려의 박수와 갈채를 보냈다. 승패를 떠나서 그들이 발휘했던 집단의 창의적인 플레이에 경의를 표시했다. 창의적인 행동은 결코 어느 날 갑자기 땅에서 솟고 하늘에서 태동 되는 게 아니다. 이것은 기존의 형식과 형태를 깨버리고자 하는 자신의 무한한 노력이 요구된다. 변화하고자 하는 의지에서 비롯

96

된 무한대 반복연습의 결과물이다. 손흥민은 그 과정을 하나하나 밟아가며 지속적인 끈기와 열정으로 오늘날 아시아 축구선수로는 최초로 프리미어리그 득점왕에 오른 것이다.

개인의 재능만으로 오를 수 있는 자리가 아니다. 11명 동료선수의 조직적 창의가 실시간으로 적용되지 않았다면 영광은 없었다. 스포츠의 차원이 다른 창의적 PMA는 선수들과 관중들을 극도로 흥분시키고 최상의 결과를 창조해낸다. 그래서 프리미어리그가 완벽한 성공을 거두고 있는 것이다.

나와 일행들은 득점왕 트로피를 받는 손흥민 선수에게 감사와 감격의 환호를 보냈다.

"차원이 다른 창의성은 집단 조직의 유기체인 PMA의 창의성이 아닌가 싶군요. 놀랍지만 리치의 분석을 존중합니다."

불쑥 나온 메타의 칭찬에 대해서 나는 무한한 신뢰와 공감을 동시에 느꼈다.

창의란 익숙하지 않으려고 하는 습관에서 비롯되어진다. 자신이 처한 상황을 낯설게 하는 일을 반복적으로 꾀하는 노력이 필요하다. 달라져야 한다. 어제와 오늘, 그리고 내일이 낯설어야 한다. 어제와 똑같은 오늘이 되어서는 안 되지 않겠는가. 낯선 환경에서 새로운 사람들을 만나고 거기서 곤혹스러운 나를 만나야 한다. 창조라는 것은 새로움이다. 차원이 다른 PMA의 정의는 결국 창의가 집단화된 '긍정적인 올바른 마음가짐'이란 것이다.

창의성은 새로운 문화를 형성하기도 한다. 요즘에 사회 문화적이슈로 떠오르고 있는 팬덤fandom 현상도 그중 하나다. '광신자'를 뜻하는 영어 단어 퍼내틱fanatic의 '팬fan'과 나라를 뜻하는 '돔dom'을 합쳐서 팬덤이라고 한다. 특정한 인물이나 브랜드를 열성적으로 좋아하는 사람들, 깊이 빠져드는 사람을 일컫는다. 이런 현상은 연예, 가요계의 스타들로부터 시작하여 이제는 특정한 브랜드라든지 명품으로 확산되는 추세에 있다.

그것은 집단적 마스터 마인드의 조합으로도 분류할 수 있다. 본래 퍼내틱은 라틴어 파나티쿠스fanaticus에서 유래한 단어로 교회에 헌신적으로 기여하는 봉사자들을 의미했으나 지금은 특정한 인물이나 어느 분야에 광적으로 몰입하거나 지나치게 편향된 사람들을 뜻하는 부정적인 의미로 축소되었다. 그러나 창의적인 팬덤의 마스터 마인드는 분명 다르다. 맹목적이고 비도덕적인 문화를 조성하는 것이 아니라 마스터 마인드라는 집단지성의 창의성이 발휘만 된다면 팬덤은 매우 훌륭한 문화로 성장되어 나갈 것이 확실시된다. 대중문화에서는 이미 새로운 성격의 팬덤이 창조되고 있다.

일례로 케이컬처의 대명사 격인 그룹 BTS에는 아미ARMY라는 팬덤이 조성되어 BTS의 이미지와 예술적 행위 등에 직간접으로 관여한다. 이들 팬덤은 BTS가 상업적으로 이용되거나 사생활 침해 등에 노출되었을 때 적극적 개입을 시도하거나 조직적으로 대응하기도 한다. 이처럼 창의적인 팬덤의 마스터 마인드는 새로운 유형의 집단지성 문화로 지구상 곳곳에 뿌리내리게 될 수도 있을 것이다.

성공 못하면 기적이다

제심합력으로
구현하는 인간의 행복

누구도 부인하지 않았다. 창조는 생각으로 잉태되고 상상으로 성장하다 어느 날 문득 새로운 형태로 등장한다. 기발하고 놀라우며 위대하다. 이런 창의성이 PMA와 만나서 마스터 마인드를 형성하는 과정을 생생하게 꿈꾼다면 그것이 바로 성공일 것이다.

"하하하, 나의 '성공 못하면 기적 시스템'이 그렇습니다. 리치, 자네는 알고 있지?"

"물론입니다. 프리미어리그의 성공이 창의적인 마스터 마인드에 근거한다면 '성공 못하면 기적 시스템'은 제심합력齊心合力이라고 말씀드릴 수 있습니다."

데일 카네기와 나폴레온 힐이 동시에 의문을 던졌다.

"제심합력이라고요? 그게 뭡니까?"

동양의 고사를 그들이 어찌 알겠는가? 이럴 때 AI가 제 기능을 발휘했다.

후한서後漢書 권 45 열전列傳 제 5-2 왕상전王常傳에 기록되어 있다. 마음을 가지런히 하여 힘을 모두 합한다는 의미의 사자성어로 동심동덕同心同德, 육력동심戮力同心과 같은 뜻을 지니고 있다. 마음과 힘을 서로 합하여 큰 뜻을 이루어 나가는 일.

고사에 의하면 왕상이란 장수가 녹림군에 가담한 한나라 황족 출신과 합의하여 거사 '몸과 마음을 합하여 날카로움이 더욱 강하여졌다齊心同力 銳氣益壯'를 도모하였고 성공했다.

"그런 의미에서 나폴레온 선생이 주장한 놀라운 신화의 원동력 마스터 마인드는 동양의 제심합력과 동의어라고 할 만합니다."

"그렇습니다. 마스터 마인드는 성공을 위해서 기초를 다지는 작업으로 한마디로 설명한다면 단합된 노력입니다."

"거기다가 창의적인 마스터 마인드, 즉 창의적인 제심합력이라면 성공 확률이 100%입니다. 그런 시스템이라면 성공 못하면 그게 기적 아닙니까?"

문제는 사람에 있다. 각각 개인의 성격이나 자질, 혹은 환경이

성공 못하면 기적이다

이런 훌륭한 시스템을 어떻게 받아드릴지를 결정한다. 메타는 신앙을 바탕으로 해서 '성공 못하면 기적 시스템'을 구축하였다. 거기서 가장 강조된 부분의 하나가 마스터 마인드 즉 제심합력이라고 할 수 있다.

"이것을 완벽하게 구상할 수 있는 21세기의 도구가 탄생했는데 두 분은 아시겠습니까?"

메타의 물음에 대해서 카네기와 나폴레온 힐은 빙긋 미소를 지었다. 그들은 역사 속의 아바타이지만 미래의 세상을 충분히 자각하고 있었다.

"포노 사피엔스를 지목하시는 거죠."

폰을 든 인류의 시대가 도래했다. 언제부터인가 이 기발한 도구는 인간의 장기 중에서 하나가 되고 말았다. 인간의 몸에서 분리될 수 없을 정도로 밀착되어 사용되어 진다. 스마트폰 증후군은 인간의 새로운 질병을 몰고 오기도 하고 또 신세계를 선사하기도 한다.

나폴레온 힐이 자신의 뒷주머니에서 최신형 스마트폰을 꺼냈다. 고급품이기에 꽤 많은 아이템 머니가 지출되었을 것으로 짐작됐다.

"이 스마트폰에 미래의 마스터 마인드가 들어있단 말이군요."

21세기의 현대 사회를 유지하고 통제하는 가장 강력한 수단의 하나가 된 인류 최고의 발명품인 스마트폰에 조직적인 집단의 조화가 내장되어 있다는 의미이다. 이 작은 기기 안에는 화상 연결은 물론, 쇼핑, 문화, 소통, 모임, 사전, 지도, 방송, 사진, 의료 등등 다양한 분야의 네트워크가 형성되어 있다.

"인정합니다."

"불가능한 것이 없을 정도로 발전되었습니다. 그러니까 스마트폰을 통한 채팅 방의 개설과 카페 활동, 밴드 이용, 페이스북이나 트위터 등 SNS가 마스터 마인드, 즉 제심합력의 근간이 되는 공감과 소통의 통로 역할을 하는 셈이지요."

우리는 저마다 자신이 소유하고 있는 스마트폰을 만지작거렸다. 이 작은 디지털 기기가 새로운 문명과 문화를 창조하고 있다는데 그 누구도 이의를 제기하지 않았다. 여기서 갑자기 메타가 나를 지목했다.

"리치는 혹시 손안의 스마트폰으로 마스터 마인드를 제대로 조성한 적이 있었는지 묻고 싶군."

변명의 여지가 없었다. 나는 3무자열정과 끈기, 목표가 없는로 제심합력, 마스터 마인드를 시도하거나 구축해본 적이 없는, 어제와 같은 오늘을 매일 변화 없이 살아가는 평범한 인생이었다. 나는 그런 의미에서 성공의 낙오자다.

"그래서 '나의 성공 시스템'을 선택한 겁니다."

나는 각오를 다지기 위해서 그 부분을 강조했다.

"좋아, 리치! 그럼 마스터 마인드를 해야 하는 이유를 설명해 주겠네. 그건 우리가 이루려는 성공 목표를 위한 일종의 집단 행위라네. 초유기체로의 변환이라고나 할까."

초유기체superorganism는 미국의 생물학자 윌리엄이 개미 연구를 토대로 발표한 것으로 각각 독립된 개체가 거대한 유기적 조직으로

성공 못하면 기적이다

발전하는 과정을 생물체에 비유해서 한 말이다. 다시 말해서 인간의 사회가 그런 초유기체와 유사성이 존재한다는 것이다.

나는 메타가 말하고자 하는 내용을 파악하기 위해서 경청하기 시작했다. 마음과 귀를 열고 단정한 자세로 집중하자 울림이 왔다. 그가 역설했다.

"평범한 사람이 성공한다는 것은 참으로 어렵습니다. 어떻게 생각하면 그건 불가능한 일이지요. 두 분은 성공학 강의의 대가들이시니까 더 공감하시리라 믿습니다. 하지만 포노 사피엔스가 초유기체가 되어 마스터 마인드를 하게 되면 성공은 어렵지 않습니다. 그것이 바로 플랫폼을 통한 네트워크 마케팅입니다."

메타의 본론이 이제 나온다는 걸 깨달은 난 직감했다. 메타는 국내 최고에서 이제는 세계 최고가 되고자 하는 네트워크 마케팅 플랫폼 기업의 오너가 아니던가. 영국의 프리미어리그 성공 요인은 창의적인 제심합력의 시스템이다. 메타의 '성공 못하면 기적 시스템'은 포노 사피엔스로 정점에 오르고 있는 인류에게 최고의 성공 도구로 활용되고 있다. 누구나 지니고 다니는, 이제는 인간의 일부가 되어버린 스마트폰은 초유기체의 네트워크가 되어 글로벌로 연결망을 형성하고 소비를 유통하는 '성공 못하면 기적 시스템'을 완성하는 심장이다.

메타의 '성공 못하면 기적 시스템'의 핵심 중 하나가 마스터 마인드임을 확인하는 순간이었다. 마스터 마인드라면 지극히 평범한 보통 사람들이 성공할 수 있는 구조가 형성된다는 뜻이다.

네트워크를 통해
자신의 능력을 초월하라

성공의 달성은 삶의 전 과정에서 끊임없이 변하는 세상의 환경에 얼마나 좋은 균형을 이루었느냐가 관건이다. 여기서 삶의 균형이란 경제적 부는 물론이고 육체적으로 건강하게 잘 살고, 사랑하고, 배우고, 공헌하는 인생을 말한다.

균형 즉 조화는 주위 환경을 구성하고 있는 여러 가지 다양한 이해관계를 융합하는 힘이다. 사실 이 조화의 정신 속에, 모든 비즈니스와 사회적 협력 관계의 성패를 가름하는 비밀이 담겨있다 해도 과언이 아니다. 그러므로 조화의 정신이 없다면, 사람들의 마음은 하나가 될 수 없다.

이 세상에서 위대한 성공을 거둔 사람들은 그 성공에 도달하기

성공 못하면 기적이다

전, 하나같이 각자 취약한 부분을 수정·보완하는 과정을 반드시 거쳐야 했다. 그런 약점 가운데 가장 일반적인 것으로는, 편협함, 이기심, 탐욕, 질투, 의심, 복수심, 자만심, 비굴함, 기회주의적 사고, 사치, 간사함, 비난, 습관화된 부정 등을 예로 들 수 있다. 가히 '인류 공동의 적'이라 할 만한 이러한 문제들은 이 외에도 많이 있을 것이다. 하지만 정상적 정서를 가진 사람이라면 성공을 위해서 자신이 무엇을 어떻게 해야 하는지는 의식 혹은 무의식적으로 인지하고 있다.

사람에게는 잠재적으로 기본적인 욕구가 존재한다. 인본주의 심리학의 창설을 주도했던 헤럴드 매슬로 박사는 인간의 '욕구 5단계'를 발표하여 주목을 받았다.

① 생리적 욕구physiological
② 안전의 욕구safety
③ 애정, 소속의 욕구love, belonging
④ 존중, 명예의 욕구esteem, honor
⑤ 자아실현 욕구self-actualization

여기서 자아실현의 욕구는 자신의 잠재 능력을 최대한 발휘하여 멈추지 않고 지속으로 발전하고자 하는 욕구이다. 다른 욕구와의 차이점은 욕구가 충족될수록 더욱 증대되는 경향을 보인다는 점이다. 그래서 일명 '성장 욕구'라고 하기도 하고 '인지 욕구'나 '심미 욕구' 등이 여기에 포함된다.

후에 매슬로 박사는 자아실현의 단계를 넘어선 여섯 번째 단계로 자기 초월의 욕구를 주장하였다. 자기 초월의 욕구란 자기 자신의 완성을 넘어서 타인, 세계에 기여하고자 하는 욕구를 의미한다.

"그것이 바로 나 메타, 초월의 욕구입니다!"

메타의 조용한 울림은 과거의 역사에서 온 아바타 데일 카네기와 나폴레온 힐은 물론이고 내게도 감동을 안겨줬다. 메타의 욕구란 결국 자기 자신의 한계를 뛰어넘어서 이웃과 사회, 국가와 세계에 봉사하고 기여하고자 하는 선량한 욕망이라는 것이 아닌가.

"그래서 '성공 못하면 기적 시스템'은 글로벌 네트워크 플랫폼으로 되어있는 것입니다. 창의적인 마스터 마인드가 오늘날 성공의 핵심이며 이것을 유통 네트워크 플랫폼으로 발휘하게 되면 집단의 성공이 가능합니다."

다시 말해서 메타는 초월의 욕구를 집단이 성공할 수 있는 네트워크 플랫폼으로 충족했다고 말하는 것이다. 그의 선언은 과장된 것이 결코 아니었다. 메타의 기업은 국내 동종 업계에서 가장 높은 매출 1위를 기록하였고 성공자들을 무수히 배출해 내었다. 나는 그 현장을 하나도 빠짐없이 목격한 증인이다.

그러나 마스터 마인드를 철강왕 앤드류 카네기로부터 직접 체험했던 나폴레온 힐은 메타에 대한 신뢰가 아직은 부족한 듯했다. 그는 되물었다.

"마스터 마인드가 제심합력이라고 말한 것은 이해할 수 있습니다. 그 단합된 조화의 노력이 성공으로 가는 길이지요. 강철왕 카네기도 내게 성공의 요인을 '완벽한 조화의 정신으로 둘, 또는 그 이상의 사람들이 서로 조화를 이루어 함께 발전해 나가는 마음의 연합'이라고 설명했습니다. 메타는 이것을 스마트폰에 담았다고 주장하는데 그게 맞습니까?"

"반은 정답입니다."

"화합과 조화의 네트워크 플랫폼이 성공의 도구입니다."

데일 카네기도 자신의 품에 고이 간직했던 고급 아이템 스마트폰을 꺼내 만지작거렸다.

"이걸 50만 PV에 구입했는데…… 만일 메타의 말이 사실이라면 하나도 아깝지 않겠는걸요."

나도 최신형 스마트기기 아이템을 구매하고 싶은 마음은 간절했으나 형편상 입장할 때 5천 PV 하는 모형이라도 들고 다닐까 생각하다가 포기했다. 궁핍이라는 놈은 사람을 비굴하게 만들거나 구차하게 궁지로 몰아넣는 재주가 있다.

'이들은 모두 완성된 성공자이니 나의 이런 궁상맞은 신세를 알지 못할 것이다.'

그러나 나의 생각을 그들은 모두 꿰고 있었다. 메타가 용기를 주었다.

"그런 마음을 가질 필요는 없네. 리치, 알다시피 난 철저히 망한 기업의 경영주가 되어 바닥 저 끝으로 한없이 추락했었지 않은가. 그래도 난 나의 희망을 포기하지 않았어. 이유는 단 하나, 내게는 사랑하는 가족을 지켜내야 하는 책임이 있었기 때문이지. 그 절망의 구렁텅이에서 초월자가 된 것은 네트워크 플랫폼의 시대가 열리고 거기에 가장 적합한 쇼핑몰 도구를 구상했어. 이 모든 걸 가능하게 해 준 것은 물론 마스터 마인드, 즉 제심합력의 창의적인 사업자들 덕분이었지. 집단지성의 조화가 기적을 만든 것이라고!"

인정하지 않을 수가 없었다. 그는 절망에서 희망을 쏘아올린 승리자이다. 메타는 제심합력-마스터 마인드 그룹을 통한 팬덤 문화를 창조했다. '성공 못하면 기적 시스템'은 이들 그룹에 의해서 성장되었다. 그들에게는 꿈이 있었다. 네트워크 플랫폼을 통한 꿈의 팬덤 문화는 '폰을 든 인류, 포노 사피엔스'를 도구로 삼아서 무한 성장, 무한 확장을 거듭하고 있다. 네트워크는 조화, 그 자체이다.

앞으로의 미래는 플랫폼의 시대가 될 것이라고 세계적인 석학들이 예견하고 있다.

플랫폼은 초연결사회hyper-connected society로 사람과 사람, 사람과 사물, 사물과 사물이 거미줄처럼 촘촘하게 네트워크로 연결되는 세상을 말한다. 글로벌 상위기업 순위에 플랫폼 기업들이 대부분을 차지하고 있다. 향후 이 추세는 쉽게 변하지 않을 것이라고 각계의 전문가들은 진단한다.

앞으로 이런 사회에서 각 개인에 가장 중요한 정신적 자산은 집단지성을 이루고 있는 마스터 마인드 그룹이 될 것이다.

108

PART 4
절망의 끝에서 희망을 찾다
Positive Thought

"죽음을 생각하는 삶이란 부질없는
욕망의 노예로 살아가지 않는 유일한 축복의 통로이다."

칼끝이 목에 닿은
심정으로 일하라

성공의 주문이나 공식은 '생생하게 꿈꾸기', '긍정적인 올바른 마음가짐', '조화로운 마스터 마인드', '차원을 초월하는 목표' 등으로 이해되었다. 이것은 개인의 운명도 변화시킬 수 있는 초유의 잠재력을 내포하고 있다.

멘탈버스의 우리는 프리미어리그 경기장을 떠나서 메멘토모리라고 새겨진 장소로 자동 이동되었다. 거기는 승리를 거두고 개선하는 로마 장군의 시가행진이 벌어지고 있는 장소였다. 우리는 행렬 인파에 섞여 뿔뿔이 흩어져버렸다. 승전의 군사들은 행진 자체가 절도 있고 위압적이었다. 걸을 때마다 울리는 발자국은 천둥처럼 고막을 진동시키고 칼과 방패는 찬란한 빛으로 반사되어 눈부셨다. 주변은 시민들의 열렬한 환호성으로 귀가 먹먹할 지경이었다.

나는 일행을 찾기 위해서 두리번거렸으나 메타와 데일 카네기, 나폴레온 힐을 찾을 엄두가 나지 않았다. 그때였다. 일사불란한 로마의 승전군사 후미에서 한 떼의 남녀 노예들이 뒤따르며 마치 노래를 하는 것처럼 장단을 맞췄다.

"메멘토모리, 메멘토모리, 메멘토모리!"

메멘토모리memento mori의 본래 의미는 '자기의 죽음을 기억하라.' 또는 '너는 반드시 죽는다는 것을 기억하라.', '네가 죽을 것을 기억하라.'를 뜻하는 라틴어 낱말이다.

이 말의 유래는 전쟁에서 승리했다고 너무 기고만장하지 마라. 너도 언젠가는 죽는다. 그러므로 항상 겸손하게 행동하라는 의미에서 생겨난 일종의 그 시대의 신앙이나 민속적 풍습이라고 할 수 있다.

스토아주의자였던 마르쿠스 아우렐리우스 황제는 죽음에 대하여 이렇게 말했다.

"삶이란 얼마나 하찮은가. 어제는 한 방울의 정액이었고 오늘은 시신 아니면 재다. 그러니 너는 이 덧없는 순간들을 자연이 너에게 의도한대로 쓴 다음 흔쾌히 쉬러 가라. 때가 된 올리브 열매는 자신을 잉태한 대지를 축복하고 자신에게 생명을 준 나무에 감사하며 땅으로 떨어지는 것이 이치다."

〈어린 왕자〉를 쓴 생텍쥐페리는 죽음을 찬양했다.

'우리가 살아가는 이유는 죽음을 없애기 위해서일까? 그렇지 않다. 우리가 사는 이유는 처음엔 죽음을 두려워하다가 마지막에는 그것을 사랑하기 위해서이다. 삶이 아름다운 이유는 이 세상에 죽음이 존재하기 때문이다. 그 죽음이 가진 그늘은 세상 모든 만물을 더욱 귀하게 만든다. 죽음이 있기에 탄생이 더욱 소중한 것이다.'

톨스토이는 '죽음이 우리 한 사람 한 사람을 기다리고 있다는 사실만큼 확실한 것은 없는데도 우리는 마치 죽음이 절대로 찾아오지 않을 것처럼 살고 있다.'라고 말했다.

그렇다. 죽음은 끝나는 것이다. 소멸이다. 그리고 이 세상 누구에게나 공평한 신의 선물이다.

메멘토모리, 이 내용은 죽음을 기억하고 나를 성찰하여 깨우치는 주문이다! 역설적으로 생각하면 죽음을 기억한다면 우리는 어떤 난관이라도 돌파해나갈 수 있지 않겠는가. 어차피 한 번은 죽어야 하는 인생이라면 죽기 살기로 원하는 꿈을 성취하려는 노력이 필요하다.

조선을 건국한 이성계는 '위화도 회군'이라는 역발상의 반역으로 고려 우왕을 폐위시키고 정권을 잡았다. 그의 반정을 성공시킨 주문은 메멘토모리였다. 죽음을 생생히 기억하고 도모한 결과이다.

나폴레옹, 칭기즈칸, 알렉산더 등 그들이 거둔 역사적 승리 뒤에는 죽음을 각오하고 기억하는 행위가 수반되었다. 그들이 꾸었던 생생한 꿈의 밑바탕에는 반드시 죽음의 주문이 뒤따랐다. 이러한

성공 못하면 기적이다

사례는 비단 정복자와 정치에만 국한된 것은 아니었다.

최고의 성공을 거두었던 기업가들에게도 메멘토모리는 승부의 변화를 안겨주는 주문이었다.

조선의 거상 중 한 명인 임상옥이란 의주 상인이 있었다. 어린 시절부터 장사에 뛰어들었던 임상옥은 열여덟의 나이가 되면서부터는 부친을 따라서 2천 리가 넘는 중국으로 인삼 보따리를 지고 다녔다. 어느 해인가 임상옥은 세상에서 가장 비싸다는 약재인 고려 인삼을 동료 상인들과 마차에 가득 싣고 북경으로 장사를 떠났는데 중국 장사치들이 단합하여 매입을 거절했다. 이른바 불매 운동이다. 인삼을 싸게 후려치려는 수법으로 장사꾼의 도의를 저버린 행동이었다. 시간은 자꾸 흐르고 사신과 역관들을 따라서 조선으로 돌아갈 기한이 도래했다. 동료 상인들과 시종들은 애가 타서 발을 동동 구르며 북경 상인들의 제의를 받아드려야 한다고 임상옥을 설득했다. 임상옥은 죽음을 기억하는 사생결단의 메멘토모리를 머릿속으로 반복했다.

'사람은 어차피 태어나서 죽는다. 죽으면 죽었지 내 고려 인삼을 저 작자들의 술수에 놀아나게 하지는 않으리라!'

임상옥은 인삼 더미를 객사의 마당에 바리바리 쌓았다. 그리고 시종들에게 지시해서 인삼을 불 질러 태워 버린다는 소문을 북경 상인들의 귀에 들어가도록 했다. 이 진귀한 구경을 하기 위해 북경의 객사로 불매하던 중국 장사치들이 구름처럼 몰려들었다. 그들은 설마 하는 심정으로 지켜보았다. 그러나 임상옥은 눈 하나 깜짝이지 않고 인삼을 쌓아둔 더미에 불쏘시개를 옮겨 불을 지피는 것이 아닌가. 죽음을 각오한 배포였다. 그 순간 불매에 가담했던 중국 장사치들이 우르르 달려들어서 임상옥을 만류하고 불을 끄는 등 부산하게 움직였다. 북경에서의 고려 인삼의 위상은 막강한 것이어서 끝내는 임상옥이 원하는 가격으로 거래가 성사되었다. 죽음을 초월한 상인의 용기가 성공을 안겨주었다.

차원을 초월하라고 주문하는 메타 역시도 죽음을 기억하는 고뇌의 순간이 있었다.

'칼을 목에 댄 심정으로 임하였습니다.'

그것은 죽기를 각오한 심경의 표현이었다. '성공 못하면 기적 시스템'이 완성되기 전에 사업에 실패했던 메타는 암담한 현실과 매일매일 마주하였다. 보이지 않는 것을 믿는 믿음이 진실한 믿음이며, 희망이 없을 때도 유일한 희망은 희망을 지니는 것이라고 생각했다. 그러한 다짐을 소리치는 절규의 끝자락에는 죽음을 생각하는 마지막 각오가 존재했다.

어차피 죽을 목숨이었기에 자신의 병든 육체를 아까워하지 않았다. 메타의 꿈은 결코 그냥 이루어진 것은 아니었다. 그는 누구보다도 가혹한 시간을 보냈지만 믿음 위에 굳게 서서 생각한대로의 경영을 실천했다.

대중명품은 그냥 만들어지는 것이 아니다. 기업의 성공 역시 피와 땀의 결정이다. 죽기를 각오하고 네트워크 유통 플랫폼에 매달렸다. 절대품질 절대가격은 자연적으로 탄생되지 않는다. 명품을 제조하기 위해서는 고비용이 소요된다. 이것을 깎고 또 깎아서 절대가격으로 유통하려면 절대 관리와 절대 경영이 요구된다. 목에 칼을 댄 심정으로 품질을 발전시키고 저렴한 가격으로 유통했다. 회사 운영관리비와 반품을 최소화하기 위해서 인력과 품질관리에 모든 역량을 총동원했으며 목에 칼을 겨누고 있었기에 아차 실수하면 그대로 끝장이었다. 그래서 업계 최저의 반품율과 직원 1인당 매출 생산량이 최고에 달하는 놀라운 기록이 나왔다.

학자들로부터 공의公義 기업이란 수식어도 받았으며 까다로운 공정거래위원회와 소비자원으로부터 CCM소비자중심경영 인증도 받았다. 수출과 매출도 매년 기록을 갈아치우고 있다. 이 놀라운 기록이 죽음을 바탕으로 해서 생성된 것을 메타는 부인하지 않는다. 그러면서 메타는 증언했다.

"사람은 그리 쉽게 죽지 않아."

이 말의 의도는 사람의 생명력이 얼마나 끈질기고 강한지를 강조하며 죽을 듯이 일하면 누구나 성공할 수 있다는 내용이 포함되어 있다. 메타는 스스로를 살아있는 증인으로 입증하였다. 하루에 수백 리 길을 강행하였다. 병마에 시달리고 있을 때도 멈추지 않았다. 좁은 차 내부에서 김밥을 물처럼 먹고 다녔다. 어느 날은 10시간이 넘도록 강연을 진행한 적도 있었다. 그러다가 피를 쏟기도 하였다. 그래도 그의 꿈은 멈추지 않고 전진이었다. 메타는 그 시절 이미 메멘토모리를 가슴에 품고 있었다.

죽음을 기억하는 단어 메멘토모리는 확실한 역발상이다. 절망의 끝에서 희망을 토해내라.

"메멘토모리, 메멘토모리!"

어차피 인간은 모두 죽는다. 탄생의 그 순간부터 소멸은 약속되어 있다. 그 죽음의 기억을 용기로 바꾸라!

성공 못하면 기적이다

나 또한 언젠가는
세상을 떠날 것이다

"메멘토모리, 메멘토모리, 메멘토모리!"

보무도 당당한 로마 군사들의 후미에서 영혼을 울리는 합창은 나의 자아를 일깨우고 있었다. 그래, 죽음을 생각한다면 어떤 고난과 난관일지라도 극복하지 못할 일이 어디에 있겠는가? 죽음과 삶 앞에는 모든 것이 경건할 따름이다. 두려움과 절망, 좌절, 실패, 치욕, 핑계, 부정적인 생각, 부질없는 욕망, 탐욕, 이기심, 명예욕, 자존심 등은 메멘토모리의 올바른 정의를 깨닫는 순간 거품일 뿐이다. 각기 다른 모양으로 포장되어 있을 뿐 결국에는 비어있는 공空의 세계인 것이다.

"그래서 리치, 메멘토모리에서 얻은 것이 있나요?"

바로 옆에서 언제 나타났는지 은테 안경의 카네기가 물었다. 나는 주저하지 않았다.

"물론입니다. 바로 이것이 초월이군요. 죽음을 기억하라는 메멘토모리는 차원을 초월하게 만드는 주문이었습니다."

차원을 초월하는 주문 메멘토모리 memento mori

그러자 나를 위한 메타의 박수 소리가 들렸다. 신기하게도 로마 군사들의 행렬과 인파의 함성 속에서도 또렷하게 고막에 울려퍼졌다. 나폴레온 힐의 응원도 들렸다.

"메멘토모리를 이해했으니 축하합니다. 리치, 당신은 성공의 자격을 가지게 됐습니다."

메타와 나폴레온 힐은 군중들을 비집고 우리에게로 날아왔다. 나폴레온 힐은 어느 틈에 꽃다발까지 준비해서 내밀었다.

"메멘토모리를 성공의 문고리로 생각한다면 좋을 거 같습니다. 자신이 게을러질 때, 어떤 결단을 내려야 할 때, 누구를 미워하고 증오하고 싶을 때도 메멘토모리의 주문을 외우게 되면 평화가 올겁니다."

맞는 말이었다. 법적으로도 죽음에 직면하게 되면 그와 연관된 현실에서의 모든 것들이 정지되고 종료된다. 더 이상의 어떤 고민도 필요하지 않다. 삶의 효력이 상실된다는 것은 새로운 안식이 찾

성공 못하면 기적이다

아온다는 뜻이다. 죽음에 대한 공포를 느낄 것이 아니라 극복의 과정을 통하여 초연한 자세, 초월의 마음가짐을 지니게 되면 마치 해탈한 고승과도 같이 평화롭다. 일찍 우리 곁을 떠나 버리고 만 고 스티브 잡스는 '아무도 죽기를 원하지 않는다. 그래도 죽음은 우리 모두의 숙명이다. 아무도 피할 수 없다. 왜냐면 삶이 만든 최고의 발명품이 죽음이기 때문이다.'고 생전에 술회했다.

천상병 시인은 하늘로 돌아가리라고 읊었다. '아름다운 이 세상 소풍 끝내는 날, 하늘로 돌아가서 아름다웠다고 말하리라.' 그리고 고대 그리스의 시인 소포클래스는 살아있는 사람들에게 경종을 울리는 죽음에 관한 메시지를 던졌다. '내가 헛되이 보낸 오늘은 어제 죽은 이가 그토록 갈망하던 내일이다.'

죽음을 하나의 관대한 의식으로 생각하기도 했지만 다른 한편으로는 죽음을 생각하면서 그것을 성공의 초석으로 삼는 역발상의 가르침이 메멘토모리에는 포함되어 있었다.

베토벤은 누구보다도 강력하게 메멘토모리의 숭배자였다. 그는 악성樂聖으로 숭배되었으나 정작 불우한 환경에서 성장했으며 가족 간의 갈등과 이후 청각 장애 등으로 순탄하지 못한 생애를 살았다. 특히 역대 최고의 예술가 중 일인인 그는 신분적 차이와 자신의 성격으로 인해서 쉽게 어울릴 수 없었던 사교계에 대해서 자신이 유형을 당하고 있다는 심경을 표현하기도 했으며 때로는 고독과 모멸감으로 밤을 새우고 자살을 시도한 적이 있다고도 토로했다.

그러나 그는 죽음을 기억하는 메멘토모리로 인해서 예술혼을 불태울 수 있었고 주옥같은 작품이 탄생 되었다. 특히 모든 교향곡 중에서 대중으로부터 가장 많은 사랑을 받는 제5번 교향곡 '운명'은 약 5년이라는 세월 동안에 완성된 대작이다.

"운명이 문을 두드리는 소리!"

나는 교향곡의 악보를 떠올리면서 나도 모르게 소리쳤다. 그 순간 운명 교향곡이 오케스트라의 웅장한 반주로 현란하게 연주되기 시작했다. 지휘자의 격렬한 몸짓에 따라서 비올라와 첼로 피아노 등이 어우러져 '따다다 단!' 하고 운명의 서막을 알렸다. 예술혼에 불타는 음악가들이 각기 관악기, 현악기, 타악기로 구성되어 홀로 그램으로 우리 주변을 온통 예술의 성역으로 휘감았다. 이 교향곡은 베토벤의 의지와 투혼으로 모든 공포와 비극을 극복하고 그의 운명을 바꾸는 기적의 메멘토모리다. 죽음이란 절망의 벼랑 끝에서 음악의 천재 베토벤을 구원했음을 잊지 말아야 한다. 그 웅장한 운명 교향곡에서 '죽음을 기억하라.'는 메멘토모리가 천사들의 합창으로 울려퍼지는 것만 같았다.

메타가 베토벤의 교향곡 '운명'을 감상하고 난 후에 예술적 여운이 가시지 않은 목소리로 말했다.

"우리가 죽음을 기억해야 하는 이유는 매우 단순합니다. 영원히 살아갈 수 없기 때문이지요. 그게 운명인 겁니다."

예전보다 의학이 진보되어 인간의 평균 수명이 연장된 것은 사

성공 못하면 기적이다

실이다. 세계보건기구WHO의 통계에 따르면 2015년 기준, 전 세계 기대수명은 71.4세로 여성은 73.8세, 남성은 69.1세다. 그러나 2020년에는 한국의 여성은 86.5세, 남성은 80.5세로 통계자료가 분석되어 있다. 지금의 과학적 발전과 의료의 진보라면 인간의 기대수명은 지속적으로 늘어나고 있다고 봐야 한다.

이전 연구에서는 최대 수명 한계 나이를 140살이라고 밝혔으나, 최근의 연구에서는 인간 수명의 한계를 150살이라고도 예측한다고 한다. 역대 최장수 기록은 1875년 2월 21일에 태어나 1997년 8월 4일 사망하기까지 122세 164일을 산 프랑스 여성 잔 칼망이다. 그녀가 출생할 당시의 평균 수명은 43살이었다.

오래 장수하는 것이 중요한 것이 아니라 죽을 때까지 안정적으로 살아야 하는 것이 더 중요하며 경제적인 배경이 고려되어야 한다. 재산도 없고 건강하지 않은 몸 상태로의 장수는 그야말로 재앙이다. 그래서 나는 소리쳐 주문을 외우는 것을 잊지 않았다.

"운명의 소리 메멘토모리!"

타협 따위란 없는
메멘토모리 인간

UN이 정했다는 연령 구분에 의하면 출생부터 0~17세는 '미성년자
underage, 다음은 그보다 광범위하게 18~65세까지를 일괄적으로 '청
년youth or young people'으로 분류하고, 66~79세 연령대는 '중년
middle aged', 80세가 넘어서야 비로소 '노인elderly or senior'에 해당하
고, 100세를 넘으면 '장수 노인long-lived elderly'으로 정한다는 것이
다. 해당 내용은 미확정 상태로 소셜미디어와 온라인 커뮤니티에
서 많이 공유되어 퍼져나갔다.

진의를 떠나서 충분히 공감할 수 있는 부분이 적지 않다. 사회
적으로 은퇴를 했으나 정신과 육체는 왕성한 60, 70대가 흔한 현상
이다. 이들은 탁월한 중년의 재능을 소유하고 있다.

성공 못하면 기적이다

"청년 리치, 이쯤이면 성공에 대해서는 충분히 학습이 되었지 않나요?"

메타는 나의 UN 나이를 적용해서 청년이라고 불러줬다. 그래, 난 아직은 청춘이다. 꿈을 이루지 못했으니 청년은 나쁘지 않다. 기회가 아직 남아 있다는 의미도 있으니까.

"차원을 초월하는 주문이라면 오직 하나뿐이군요."

"리치, 해답을 알고 있지요?"

그들은 차례대로 내 얼굴을 들여다보면서 관심을 표명했다.

"영원히 살 수 없기에 기왕이면 살아있는 동안에, 살아가는 순간 성공을 해야지요. 메멘토모리 주문은 내게 스피드를 요구하고 있습니다."

성공 전문가들의 안면에 미소가 스쳐 지나갔다. 데일 카네기 아바타가 내 어깨를 부드럽게 잡았다. 친근감의 표현이란 것을 느낌으로 알았다.

"아주 좋아요, 리치! 그러나 여기서 장애가 등장하게 됩니다. 그건 바로 두려움입니다. 불안과 공포가 따라오고 있을 겁니다. 리치의 등 뒤를 바싹."

오싹한 한기가 느껴질 지경이었다. 메멘토모리의 주문으로 차원을 초월하여 새로운 환경을 입체적으로 조성하고자 하는 나의 마음에 불안감이 없을 수 없었다. 세상을 바꾸는 일은 나 자신을 먼저 바꾸는 일이다. 사람들이 성공하지 못하는 가장 큰 이유는 바로 자신을 변화시키지 못하기 때문이다. 그래서 자신을 바꾸는 데 대한 두려움을 극복하는 방법은 아주 사소한 습관을 먼저 바꿔보는 일이다. 주변 사람들이 누구나 똑같은 습관을 지니고 있다면 결과는 유사하게 나올 수밖에는 없다. 하지만 다른 사람들보다 더 좋은 습관을 소유하고 있다면 더 좋은 결과를 만들어낼 수 있지 않겠는가. 그 차이가 비록 미세할지라도 시간이 갈수록 간격은 벌어질 수 있다. 하루아침에 상상할 수 없는 격차를 거두는 사람들은 별로 없다.

제임스 클리어는 어린 시절 촉망받던 야구선수였으나 훈련 도중 치명적인 사고를 당하게 된다. 안면의 뼈가 조각나는 대형 참사로 그의 야구 인생은 사망 선고를 받은 것과 다름이 없었다. 하지만 병상에서 그의 메멘토모리가 작동했다. 죽음을 기억하고 그것을 초월하는 행동을 시작한 것이다. 자신을 바꾸기 위한 습관의 체인지에 돌입하였다. 매일 아주 작은 성장을 목표로 끈기와 열정을 다하였다. 그가 혼수상태에 빠진 날부터 전미대학 대표선수에 선출될 때까지 그의 삶 어느 한순간에도 극적인 전환점은 없었다. 오로지 자신의 의지로 타협하지 않고 불편한 몸과의 투쟁을 거듭하며 조금씩 나아졌다.

마침내 그는 6년 후 대학 최고의 우수 선수로 선정되었고 전미대학 대표로도 출전하였다. 오늘날 그는 자신을 인생의 나락에서 구해준 〈아주 작은 습관의 힘〉을 저술하여 동기 부여와 자기계발의 전문가로 성장했다. 결국은 아주 사소한 습관에서 이어진 단계적이고 체계적인 변화가 인간 승리를 이끌어낸 것이다.

126

"그는 걸을 수조차도 없었으나 절망하지 않고 당장 할 수 있는 일을 반복하는 습관을 그릿_{끈기와} 열정의 정신으로 해냈지요. 난 그 위대한 습관의 변화를 알고 있습니다."

데일 카네기는 내 어깨를 잡은 손에 힘을 주었다.

"오, 그렇군요. 리치에 대해서 이제 걱정할 필요가 없군요."

메타는 쉽게 인정하지 않겠다는 표정이었다.

"아닙니다. 만일 리치가 진작 습관을 체질화했다면 이미 달라져 있어야 했습니다."

메타의 지적대로 나의 습관은 표류 중이었다. 정착이 쉽지 않은 이유는 간절함의 부재와 결심, 결단의 유약함으로 인한 결과였다.

습관을 체질화하기 위해서는 단계별 계획이 필요하다고 주장하며 제임스 클레어는 자신의 노하우를 제시했다.

① 명확한 결심
② 매력적인 습관
③ 간단하고 쉬운 행동
④ 만족한 결과

이 네 가지 단계를 통해서 좋은 습관이 점차 효율적이고 정확하게 나의 습관이 되게끔 구축되어야 한다. 나는 메타에게 확신을 심어주고 싶었다.

"메멘토모리는 습관화되었습니다."

"좋아요. 본래 그 주문은 성공한 사람들을 위한 경고의 메시지였지. 어차피 종말을 맞이해야 하는 인생이니 교만하지 말라는. 하지만 리치는 그걸 차원을 달리하는 습관으로 삼았다니 대단하다고 생각해."

메타의 생각지 않은 칭찬이 나에게 당혹감을 안겨주고 자극을 주었다. 그러나 내게는 메멘토모리가 이미 오래전부터 습관화가 되어있었다. 다만 그 습관을 그저 습관으로만 여기고 있었을 뿐이었다.

죽을 각오로 한다는 생각을 누구나 살면서 한 번쯤은 하기 마련이다. 이 오래된 습관에 변화를 준다면 대관절 어떤 상황이 연출되는 것인가?

"놀라운 결과로 발전될 겁니다."

성공 못하면 기적이다

어떤 두려움도
이겨낼 수 있는 용기

데일 카네기는 내게 은근히 속삭였다. 그의 얼굴에서 확고한 의지가 엿보였다. 메멘토모리가 어떻게 놀라운 결과를 이끌어낼지 궁금했다.

"혹시 메멘토모리를 언제쯤 사용했었습니까? 어떤 일이 계기가 되었나요?"

"그리고 어떤 도움을 받은 겁니까?"

이번에는 나폴레온 힐도 관심을 보이며 물어왔다. 별로 좋은 기억은 아니었으나 과거 내가 왕성하게 출판사업을 하고 있을 때 지인 K가 작업팀을 조성해야 한다는 명목으로 많은 돈을 빌려갔다. K는 그 뒤로 팀을 만들지 못하였고 차입한 돈도 되돌려주지 않았다. 오랜 시간이 지나도록 돈이 회수되지 않자 나는 K를 찾아갔다. 그때

K는 부인과 더불어서 김밥 가게를 운영하고 있었다. 가게를 몽땅 처분해도 나로부터 융통한 돈에는 미치지 못했다. 나는 아무 말도 하지 않고 김밥만 먹고 되돌아왔다. 나는 사업의 부족한 자금을 은행 대출로 유지했다. 그리고 또 세월이 흐른 어느 날 K 부부가 찾아와서 나에게 감사하다는 인사를 거듭했다. 알고 보니 빌려준 돈의 소멸 시효가 지나자 방문한 것이다법적으로는 기한 연장이 가능하다. 어차피 K는 갚을 의사가 전혀 없었던 것으로 보였다. 하지만 나는 거래 은행의 채무를 꼬박꼬박 10년간 갚아 나가야 했다.

'어차피 죽으면 끝나는 일인데……돈 때문에 사람을 미워하지 말자.'

나는 그 당시 돈의 속성에 관해서는 백치나 다름없었다. 물질의 중요성에 가치를 두지 않은 사고를 지닌, 조금은 사회성이 부족한 사람이었다. 당시에는 메멘토모리의 의미를 제대로 알고 있지 못한 상태에서 스스로 내린 돈에 대한 철학 같은 것이었다. 그 뒤로 수년이 지나서 K는 건강에 좋다며 열 자기장이 발생한다는 돌덩이 하나를 가져다줬다. 나는 그 스톤이 K가 빌려간 거액의 가치가 있다고 믿었으며 그것으로 자신의 건강이 보장된다고 생각했다.

"난 지금도 그것을 사용하고 있지요."

메타는 혀를 끌끌 찼다. 독백처럼 내뱉는 말이 아팠다.

"에그, 자랑이다. 자랑."

거액의 채권하고 바꾼 K의 스톤이 건강을 선사했다고 나는 믿고 싶었다. 믿음대로 된다는 말이 있다. 나는 긍정과 낙관 사이에서

'죽음'에 대한 고찰을 메멘토모리가 어떤 의미인지도 모를 때 이미 실행하고 있었다. 물질보다도 위대한 것이 정신이라고 생각하여 물질, 즉 돈에 관한 개념이 희박했다. 그 때문에 빌려준 거금이 일 개 돌덩어리로 변해서 돌아왔을 때도 나는 자연스럽게 받아드렸 다. 인생을 살아오면서 이런 경우를 여러 차례 당하였고 그 결과로 경제적 재난의 부피가 눈덩이처럼 불어나 있었다. 이것이 나폴레 옹이 말한 지난날 내가 행했던 일에 대한 응징이리라. 메타가 갑자 기 정곡을 찌르듯이 물었다.

"만일, 그런 상황이 다시 오게 된다면 리치, 이번에는 어떻게 대 처할 생각입니까?"

설사 또다시 그런 상황에 직면하게 된다고 해도 나의 결정은 쉽 게 바뀌지 않을 것 같았다. 과거를 부정하는 대답이 빠르게 나오지 않았다. 나의 멘탈에는 경제적 장애가 여전히 습관으로 고정화 되 어 존재하고 있었다.

데일 카네기는 나에게 용기를 심어주었다.

"리치는 메멘토모리의 원리를 오래전부터 이용하고 있었으니 성공할 수 있는 DNA가 있는 겁니다."

카네기도 찬사를 아끼지 않았다.

"그건 굉장한 긍정의 힘입니다. 성공 가능성이 충분한 성공지수 SQ, success quotient가 높습니다."

나폴레온 힐은 나를 감상적인 시선으로 바라보았다.

"옛날 내가 인터뷰한 부자 중에 리치와 같은 심성의 소유자가 많았습니다. 그들은 너무도 긍정적이고 상대에 대한 배려심이 깊었으며 인격적으로도 성숙되어있었지요. 특히 앤드류 카네기의 긍정 마인드는 놀라울 정도로 높았습니다. 카네기의 긍정 철학은 독서에서 출발했으며 그것이 성공의 원동력이라 믿었습니다. 그래서 그는 전 세계 2500군데 이상의 도서관을 지었고 12개의 종합 대학을 설립해서 기증하는 등 문화 예술 방면으로 탁월한 업적을 쌓았습니다.”

강철왕 카네기는 기부왕이라고도 불릴만했다. 그는 자신의 유산을 자손에게 상속하는 일에 대해서 부정적이었다. '부유한 죽음은 불명예스럽다.'고 했으며 '자식에게 재산을 상속하는 짓은 재앙을 안겨주는 짓.'이라고 단정 지었다. 카네기는 재단을 통하여 자선 활동을 왕성하게 하였고 그로 인해서 무수한 사람들에게 좋은 영향을 주었다. 데일 카네기는 자신만만한 표정을 감추지 않았다.

“나는 카네기가 메멘토모리의 주문을 잊지 않고 있었기 때문에 생전에 그런 결정을 내렸다고 생각합니다.”

나도 동감이었다. 죽음을 기억하지 못하는 사람은 인생을 낭비하며 살아가는 것이다. 하루하루가 소중하다. 가족을 외면하고 이웃을 비방하고 사회에 불만을 가질 수 있는 시간이 없다. 가족과 화목하고 이웃과도 친절하게 살아가기에도 바쁘다. 나 자신을 사랑하는 삶조차도 유한하다. 죽음이란 기억을 항상 떠올리고 주문한다면 인생은 경건해지고 겸손해진다. 죽음 앞에서 어떤 욕망이 발광할 수 있겠는가.

132

그리고 죽음은 모든 죄를 용서할 수 있는 초유의 힘을 지니고 있다. 아마도 그 때문에 인간이 저지른 죄의 가장 큰 형벌이 사형인지도 모른다. 사형수의 마음으로 살아가라는 말이 있다. 그건 어떤 두려움도 이길 수 있다는 용기의 다른 말이기도 하다. 죽음을 용서받을 수 있다면 어떤 일이라도 할 수 있다.

메맨토모리, 죽음을 기억하라!

자신에게 어떤 불행과 예기치 못한 사고, 혹은 암담한 상황, 엄청난 걱정거리가 닥쳤을 때 메멘토모리의 주문을 반복하라. 그것은 '할 수 있다! 해낼 수 있다! 해내야 한다!' 그리고 '포기하지 마라! 포기하지 마라! 끝까지 포기하지 마라!'와 동의어이다.

인생의 역경지수를
높여라

죽음을 기억하는 주문을 외우면 불굴의 용기가 생겨난다. 어떤 불행이라도 극복할 수 있는 자신감이 용솟음친다. 또 남을 이해하고 용서하는 자비심도 발생하게 된다. 대성공의 배후에서 교만을 경계하는 메멘토모리의 주문은 다양한 용도로 응용되어 성공의 길잡이 역할을 한다.

'어차피 죽는다. 그렇다면 지금 내가 어떤 행동을 해야 가장 옳은 것인가?'

우리는 꿈의 공식 R=VD를 통하여 성공했던 사람들이 많음을 알고 있다. 생생하게 꿈꾸면 이루어진다는 기적의 믿음 위에서 무수한 성공자가 배출되었다. 메타의 '성공 못하면 기적 시스템'에도 이 공식은 적용되어 있다. 그렇다면 메멘토모리는 어떤가?

메멘토모리는 극복의 주문과 의지의 활력소로도 충분한 기능을 발휘할 수 있다. 꿈을 꾸는 일보다 어려운 일은 어느 날 갑자기 닥쳐온 예기치 못한 사고, 불행을 이겨내는 힘이다.

학자들은 이 극복의 힘을 학문적 표기로 역경지수AQ, adversity quotient라고 했다. 단 한 번의 고난도 겪어보지 않고 인생을 편안하게만 살아가는 사람은 없다. 역경지수는 나를 방문한 역경에 굴복하지 않고 유유히 내가 설정한 목표를 성취해가는 능력을 지수화한 것으로 1997년에 미국의 커뮤니케이션 이론가 폴 스톨츠Paul G. Stoltz가 처음 사용한 용어다.

갈수록 세상이 복잡해지며 전혀 예상할 수 없는 사건과 사고들이 폭주한다. 세계적 질병인 COVID-19와 우크라이나 전쟁 등은 물론이고 우리 주변에도 끊임없이 크고 작은 사회적 현상이 발생한다. 따라서 앞으로 인간의 능력을 가늠하게 되는 척도는 지능지수를 의미하는 IQ나 감성지수 EQ, 열정지수 PQ, 그 외의 어떤 지수보다도 AQ가 요구된다.

폴 스톨츠는 AQ의 이해를 돕고자 등반에 비유했다. 정상을 정복하는 과정에서 체력의 한계와 기후 조건 등 자연과의 투쟁이 불가피하다. 이때 역경에 굴복하여 산에서 내려오는 사람은 퀴터quitter, 중도 포기자 혹은 낙오자라고 했다. 그리고 적당한 지점에서 주저앉는 안주자 캠퍼camper, 야영객가 있다. 마지막으로 목적지를 위해서 끊임없이 전진하는 극복자 클라이머climber, 등반가가 있다.

당연히 중도포기자의 AQ가 가장 낮고 AQ가 상승할수록 등반가의 자세에 가까워진다. 역경지수가 높을수록 도전하려는 의지가 강하고 위험을 긍정적으로 감수하게 되는 특징이 있다.

역경지수는 오늘날 불안하고 혼란스러운 뷰카시대VUCA에 있어서 현대인에게 가장 필수적인 항목으로 인정받기 시작했다.

뷰카VUCA란, 본래는 군사 용어로서 전쟁터의 변화무쌍한 상황을 표현하는 데 처음 사용된 단어이다.

변동성volatility과 불확실성uncertainty,

복잡성complexity, 모호성ambiguity의 첫 글자들을 조합한 신조어이다.

4차 산업 혁명 이후의 사회는 변동이 심하고 확실한 것이 없으며 복잡하고 위험한 상황이 점진적으로 증가한다. 투자가들에게 주목받던 코인의 파동과 주식, 부동산이 큰 폭으로 출렁이게 된다. 즉각적이고 유동적인 긴급사태가 수시로 발동하기 때문에 경각심을 최대한 높이고 있어야 생존할 수 있는 것이 뷰카시대라고 할 수 있다.

현대 비즈니스는 물론이고 정치와 사회, 문화 전반에 뷰카의 패러다임이 도래하고 있다. 미국과 중국, 러시아의 우월적 자세를 유지하기 위한 각축으로 세계가 긴장하고 있으며 오일 달러의 자본을 앞세운 아랍국가의 행보가 사회, 문화에 긴장을 초래하기도 한다.

성공 못하면 기적이다

이러한 글로벌적 변화에서 살아남기 위해서는 개개인의 차원을 달리하는 역경지수가 요구된다.

"차원을 달리하는 역경지수는 무엇을 의미하는 겁니까?"

나의 질문에 메타는 주저 없이 되물었다.

"혹시 아이큐가 변할 수도 있다고 생각하나요?"

"확실한 근거는 없으나 지능은 학습이나 노력에 따라서 가능하다고 들었습니다."

메타는 만족한 미소를 머금었다.

"그렇습니다. 인간에게 불가능한 일이란 많지 않습니다. 지능지수도 달라질 수 있는데 역경지수도 분명 변할 수 있습니다. 차원이 다른 역경지수란, 메멘토모리를 생각하라는 겁니다."

20세기 역경지수가 가장 높은 인물 중에 한 사람은 헬렌 켈러다. 그녀는 말하지도, 보지도, 듣지도 못하는 장애인이었다. 오감 중에 그녀는 가장 중요한 시각과 청각의 기능을 상실했다. 그러나 그녀는 오감을 다 가진 비장애인들보다 세상을 훨씬 더 깊고, 넓고 충만하게 살았다. 그녀는 우리가 보지 못하고 듣지 못하는 것들까지 보고 들었다. 헬렌 켈러가 쓴 〈사흘만 볼 수 있다면Three Days to See〉의 내용에는 다음과 같은 대목이 있다.

"만일 내게 유일한 소원이 하나 있다면, 그것은 죽기 전에 꼭 사흘 동안만 눈을 뜨고 세상을 보는 것이다. 만약 내가 눈을 뜰 수만 있다면, 나는 내 눈을 뜨는 첫 순간 나를 이만큼이나 가르쳐준 내 스승 에미 설리반을 찾아갈 것이다. 지금까지 손끝으로 만져 익숙해진 그 인자한 얼굴, 그리고 그 아름다운 몸매를 몇 시간이고 물끄러미 바라보며 그 모습을 내 마음 깊숙이 간직해둘 것이다. 그리고 내 그리운 친구들을 만나고 들로 산으로 산보를 나가리라. 바람에 나풀거리는 아름다운 잎사귀들, 들에 핀 예쁜 꽃들과 저녁이 되면 석양으로 빛나는 아름다운 노을을 보고 싶다. 다음날 일어나면 새벽에는 먼동이 트는 웅장한 광경을, 아침에는 메트로폴리탄에 있는 박물관을, 그리고 저녁에는 보석 같은 밤하늘의 별들을 보면서 또 하루를 보낼 것이다. 마지막 날에는 일찍 큰길에 나가 출근하는 사람들의 얼굴 표정을, 아침에는 오페라하우스, 오후에는 영화관에 가서 영화를 보고 싶다. 어느덧 저녁이 되면 건물의 숲을 이루고 있는 도시 한복판으로 걸어나가 네온사인이 반짝이는 쇼윈도에 진열된 아름다운 물건들을 보면서 집으로 돌아올 것이다. 그리고 눈을 감아야 할 마지막 순간, 사흘 동안이나마 눈으로 볼 수 있게 해주신 나의 하나님께 감사의 기도를 드리고 영원히 암흑의 세계로 돌아가리라."

불행의 끝에서도 그녀의 감각은 탁월하게 생생하지 않은가. 이 글을 읽으면 헬렌 켈러의 풍부한 감정은 보고 듣고 말할 수 있는 사람보다 더 월등하다고 생각된다. 우리가 눈 뜨고도 볼 수 없는 것들, 듣지 못하는 것들을 그녀는 눈을 감고 보았으며 들었다. 그런 의미에서 헬렌 켈러는 과연 차원이 다른 역경지수의 소유자가 분명했다. 나는 장담할 수 있다. 그녀의 역경지수가 죽음을 기억하는 메멘토모리에서 출발했음을.

성공 못하면 기적이다

메멘토모리memento mori는 역경을 극복해내는 성공지수SQ의 기본 공식 중의 하나이다. 데일 카네기와 나폴레온 힐은 매우 상기되어 있는 표정이었다. 그들 성공의 아바타들은 한결같이 표현했다.

"메멘토모리가 리치의 '나의 성공 시스템'에 훌륭한 영향을 미칠 것이 분명합니다."

하지만 나는 그들의 공감에 불쑥 다른 의견을 제시했다.

"어떤 사람이 10년간 각 방면에서 성공한 1,000명을 만나서 그 성공 비결을 물었더니 하나같이 '운運이 좋았다.'고 대답했답니다. 럭키lucky는 R=VD, WWWH, PMA, 그리고 메멘토모리와 어떤 관련이 있는 겁니까?"

PART 5
운運의 연금술
Luck Matters

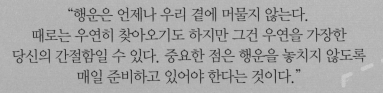

"행운은 언제나 우리 곁에 머물지 않는다.
때로는 우연히 찾아오기도 하지만 그건 우연을 가장한
당신의 간절함일 수 있다. 중요한 점은 행운을 놓치지 않도록
매일 준비하고 있어야 한다는 것이다."

운이 우리의 인생에
미치는 영향

내가 질문을 하자 멘탈버스 내부 환경에 변화가 발생했다. 우리가 있는 주변이 새로운 공간으로 바뀌었다. 이곳은 푸른 숲길이 길게 이어진 초원의 어느 한적한 풍경이 내려다보이는 성곽이었다.

그 성곽의 반대편에는 놀랍게도 넘실대는 파도가 끝없이 부서지는 바다가 감싸고 있었다. 중세유럽의 요새로 보이는 성문의 입구에는 '운運'이란 글자가 선명하게 우리를 맞이했다.

'운運'이 쓰여진 정문이 열리면서 우리는 나란히 걸어 들어갔다. 바닥은 뭉게구름이 놓여있는 것처럼 푹신했고 빛은 부드러웠으며 찰랑거리는 바람은 심신을 매료시켰다.

‘운運’이란 동양철학의 명리학命理學을 구성하는 세 가지 요소 천天,
지地, 인人의 균형과 조화를 근본으로 한다. 대운과 시시로 바뀌는 세
운이 존재한다.

내 입을 통해서 나온 질문이 멘탈버스 내부의 자연환경에 변화
를 일으켰다. 동시에 일행들에게도 어떠한 자극을 준 것이 분명했
다. 나는 카네기와 나폴레온, 메타의 표정이 매우 엄숙해진 느낌을
받았다. ‘운運’이 좋아서 성공했다는 표현에 대해서 이들은 과연 어
떻게 이해하고 분석할 것인가?

“운과 럭키, 행운은 약간 달라서 표현이 마땅치 않습니다. 동서
양의 문화에는 차이점이 있지요.”

내 의견에 대해서 카네기는 다소 비관적인 어조로 동의를 구하
였다.

“행운은 그저 행운일 따름입니다. 그냥 운이 좋아서 부자가 되
고 성공한다면 그건 매우 비합리적이고 과학적 이치에 맞지 않습니
다. 나는 오랜 기간을 연구했고 성공의 열쇠는 인간관계에 있다고
자신할 수 있습니다. 어떻게 생각들 하십니까?”

나폴레온 힐도 동조하였다.

“운에 자신을 맡기는 것처럼 어리석은 일은 없습니다. 행운이란
불시에 오는 겁니다. 예고 없는 행운을 기다리는 행위는 자동차의
운전대 핸들을 잡지 않고 내 인생을 운행하는 것과 마찬가지입니

다. 위험한 발상입니다.”

메타는 두 명의 전문가들이 포착한 내용을 정면으로 반박할 생각은 없었다.

“운이 전부는 아닙니다. 그러나 분명 무시할 수 없는 부분이 존재한다는 걸 우리는 인정해야 합니다. 솔직히 말씀드린다면 나 역시 매우 운이 좋았던 케이스입니다.”

어떤 일을 할 때, 술술 잘 풀리는 사람을 보고 우리는 ‘운이 좋다.’고 말한다. 과연 운 좋은 사람은 그 운이란 것을 타고나는 것일까? 본인이 선택한 일을 계속해서 성공하는 사람들의 비결은 과연 무엇일까?

“‘운運’은 존재합니다!”

어디선가 달콤한 목소리와 더불어서 눈이 부실 정도로 하얗게 옷을 차려입은 아바타 하나가 품위 있게 걸어 나오고 있었다. 아름다운 용모로 백의 천사라고 믿어질 정도로 광채가 나는 그 아바타에게는 포르투나Fortuna라는 명칭이 따라다녔다. 나는 그 명성을 알고 있었다.

“사람의 운명 수레바퀴를 관장한다는 운명의 여신!”

그녀는 머리에 성벽관城壁冠을 쓰고 손에는 풍요의 뿔과 벼 이삭을 쥐고 있었다. 메타는 새롭게 등장한 여신에 대해서 익숙한 듯 반겼다.

“로마 신화의 여신이 납시었군요. 그리스에는 도시의 부와 번영, 그리고 그 운명을 주관한다고 믿어지는 행운의 여신 티케Tyche

성공 못하면 기적이다

가 있지요."

나는 고립된 적지에서 아군을 만난 사람처럼 로마 여신에게 소리쳤다.

"포르투나! 정말 운은 존재하는 거지요?"

여신은 미소를 머금으며 용모만큼이나 아름다운 어조로 운에 대하여 피력하기 시작했다. 그녀가 말한 내용은 다음과 같다.

운, 운명을 비과학적이라고 비판하는 사람들도 있으나 동양철학에 신뢰를 표하는 수많은 사람들도 무시할 수가 없다. 결국 운은 모두가 갈망하고 원하는 것이기 때문이다. 하지만 '운'이란 모호한 개념이기도 하다. 자기 암시일 뿐이라고 주장하는 사람들도 적지 않다. 또 그렇기에 '운'은 반드시 작용한다.

혹은 운은 자연으로부터 온다고 한다. 이와 반대로 인위적으로 만들어지는 것은 운이 아니고 노력의 산물이며 이것은 복福이라고 호칭한다. 어쩌면 서양에서 표현하는 럭키는 복에 해당하는지도 모른다. 그래서 운과 복은 엄연히 다르다.

만일 운이 전혀 없다면 성공의 공식이라는 것이 무의미하고 가치가 없어질 수도 있다. 생각해보라. 생생하게 꿈꾸면 이루어진다는 R=VD, 심리적인 공식 WWWH, 긍정 마음가짐의 힘 PMA로 성공했다고 해도 운이 없어 불행이 찾아온다면 망한다.

그 대표적인 사례가 바로 금세기 위대한 창조자 스티브 잡스라고 할 수 있다. 그가 성공시킨 스마트폰은 인류를 어처구니없도록 진화시켰다. 포노 사피엔스의 시대를 열고 경이로운 성공을 개인에게 안겨주었다. 그러나 그의 운은 거기서 멈췄다. 병마에 패배하여 세상을 떠난 고인이 된 것이다.

운과 운명을 결정짓는 근본 원리는 논리적인 설명이 불가능하다. 그러나 운명이란 자신의 천성과 태생적 기질을 가지고 인생에서 일어나는 일들에 대응하고 선택해나갈 때 변화가 일어난다.

명리학에서 주장하는 사람의 기질은 자신을 둘러싼 만물의 기운 중 어떤 것이 유별나게 강한지를 말한다. 그리고 각각의 기질에 따라서 사람마다 성향이 달라진다. 이러한 개개인의 본질을 정확하게 파악하고 분석하여 진성眞性은 발전시키고 악성惡性은 보완하는 변화의 노력이 필요하다.

누구나 인생을 살다보면 자신의 능력으로 어찌해볼 수 없는 무기력한 순간을 한 번쯤 겪기 마련이다. 그 수렁은 깊고 깊어서 도저히 벗어날 방도가 없고 감당도 되지 않는다. 그렇다고 주변의 누구에게 도움을 받을 수도 없다. 오로지 혼자서 감내해야 하는, 버텨내야 하는 몫이다.

이럴 때 생각해야 한다. 사색思索이 절대적으로 필요하다. 그 침묵의 사색 속에서 자아의 본능을 올바른 눈으로 투명하게 들여다보고 자신의 천성과 기질을 꿰뚫어 봐야 한다. 사람은 소우주이다. 사람은 우주로부터 받은 생명의 기운, 즉 에너지로 삶을 살아간다. 찬란한 태양과 풍성한 달, 초롱초롱한 별빛으로 충만한 빛이 사람을 양육한다.

사람은 출생의 시기에 따라서 우주의 생명 에너지를 받는 강도가 각기 다르다. 변화무쌍한 우주의 기운은 출생의 생년, 생월, 생일, 생시에 따라서 각각의 환경으로 적용되는 것이다.

우주는 기본 원칙이 존재하지만 시시각각으로 변화하고 조화한다. 멈춰야 할 때와 행동할 때를 스스로 구분해야 하는 지혜가 필요하다. 따라서 '운運'은 타고나는 것이 맞다. 만일 스티브 잡스가 잠시 공격적인 업적을 뒤로 미루고 자신의 건강과 치료에 몰두했다면 불과 56세의 나이에 우리 곁을 떠나지 않았을 것이다.

자유자재로 운을
컨트롤하는 성공자들

나는 궁금해졌다.

"만일 스티브 잡스가 연구를 미루고 치료를 받았다면 그의 운명
이 연장되었을까요?"

전원의 시선이 운명의 성城이라 여겨지는 성의 주인 포르투나에
게 집중되었다. 포르투나는 매우 고혹적인 눈웃음을 지었다.

"자연으로부터 주어진 운을 거역하기는 쉽지 않아요. 그래서 운
명인 거죠. 하지만 동서고금을 통하여 운명을 거역한 사례는 수없
이 많죠. 사람들은 그것을 기적에 비교하기도 하지만."

포르투나는 분명 운도 바뀔 수 있다는 것을 암시하고 있었다.
인간은 누구나 태어나면서 태어난 연, 월, 일, 시를 갖는다. 이러한
생년, 생월, 생일, 생시에 천간과 지지가 합해져서 하나의 기둥을

형성하기 때문에 네기둥을 사주四柱라 하고 글자로는 여덟 자가 되기 때문에 팔자八字라고도 표현한다. 그래서 사주와 팔자는 같은 의미이며 사주팔자四柱八字라 불린다.

"각기 다른 출생 시기에 따라서 간지가 작용하여 그 사람의 운명을 좌우하게 됩니다. 명리학이란 궁극적으로 간지의 결합으로 추리되는 변화의 과정에 따른 결과라고 할 수 있지요."

사람은 우주로부터는 물론이고 지상의 땅에서도 생명 에너지를 흡수한다. 토양의 위치와 성분에 따라서도 자기장이나 수질 등이 다르기에 분출되는 기운이 지역적으로 전혀 다를 수밖에 없다. 그래서 출생지가 사람의 지능과 성격, 신체 등에 영향을 미치는 것이다.

이는 풍수風水로 인한 요인이며 유전자의 알고리즘으로 부모와 조상의 가계 구조도 운세와 깊은 관계를 형성한다. 그래서 사람마다 각각 개인의 운, 운명이 다른 것이다.

서양인인 카네기와 나폴레온 힐은 동의하기 쉽지 않은 포르투나의 설명이었다. 하지만 그들은 고도의 경험을 축적한 성공학의 대가들 아닌가.

"행운과는 뭔가 다른 깊이가 느껴지기는 합니다. 하지만 여전히 운이 성공의 중요 척도가 될 수 없다는 생각입니다. 난 긍정적인 올바른 마음가짐이 우선이라고 봅니다."

"나폴레온 힐은 PMA를 강조하시는군요."

"그것이 법칙이기 때문에 그렇습니다. 성공을 위한 매우 중요한 공식이라고 굳게 믿고 있습니다.”

나는 수긍하지 않을 수가 없었다. 운이 아무리 좋다고 해도 ‘긍정적인 올바른 마음가짐’ PMA는 성공할 수 있는 기초 원리라고 할 수 있다.

이 대목에서 문득 메타가 발언하였다.

“앞서 내가 운이 남보다 좋았다고 말했지요? 그건 사실이지만 그렇다고 내가 운세만 믿고 있었던 것은 결코 아닙니다. 난 차원이 다른 초월자, 메타가 되기 위해서 부단한 노력을 했습니다. 죽을 각오로 했습니다!”

그건 사실이었다. 메타는 분명 좋은 운을 가졌지만 만일 중요한 순간에 스스로 결단하지 않고 변화하지 않았다면 오늘의 ‘성공 못하면 기적 시스템’은 탄생하지 못했을 것이다. 간판도 제대로 달 수 없는 사무실에 A4 용지로 상호를 만들어 붙였던 회사가 불과 10여 년 만에 업계의 정상을 차지했다. 운으로만 해결될 수 없는 기적의 변화였다.

“내게는 운을 부르는 기술이 존재합니다.”

포르투나의 말을 부정하는 사람들은 없었다. 그녀의 이름표가 포르투나 아닌가. 적어도 행운의 성을 관장하는 주인이라면 그 정도는 가능하리라. 진정으로 운을 부르는 기술을 갖는다는 것은 성공을 보장하는 것과 다름이 없었다. 나는 무한한 동경의 눈길로 포르투나를 바라보았다.

성공 못하면 기적이다

"여러분도 행운을 부르는 기술을 지니고 계시지요?"

포르투나의 질문에 대해서 메타와 카네기, 나폴레온 힐은 전원이 동의를 표시하였다. 한 명은 크게 고개를 끄덕였고 다른 한 명은 손가락으로 OK를 그렸다. 나머지 나폴레온 힐은 나직한 어조를 사용했다.

"물론입니다. 적어도 여기 계신 분들이라면 당연히 알고 있는 기술이지요."

나는 뒤통수를 호되게 얻어맞은 듯이 정신이 번쩍 들었다. 운에 대해 비판적이던 이들은 행운을 부르는 기술을 모두 알고 있는데 나만 전혀 모르고 있지 않은가. 행운을 부를 수 있다고? 운이 동네에서 우연히 마주친 강아지 이름인가? 마음대로 부를 수 있게. 운이 바뀐다는 건 인생의 변화를 의미한다.

운이 좋아진다는 말은 현재의 삶보다 점차 나아진다는 신호이다. 만일 나폴레온 힐이 운이 없어서 앤드류 카네기와 같은 부호를 만나지 못해 그의 연구와 인터뷰가 성사되지 못했다면 오늘날 성공학의 대가로 인정받을 수 있었을까? 데일 카네기 역시 컬럼비아 대학과 뉴욕대학의 강사 자리를 얻지 못하고 마지막 선택한 YMCA의 야간학교 강사직에서도 탈락했다면 그의 명성도 없었을 것이다.

메타는 또 어땠을까? 운이 따르지 않았다면 TV에 잠깐 스쳐 지나갔던 한국 원자력연구소의 100배나 좋은 화장품의 탄생에 대한 뉴스를 시청할 수 없었을 것이고 그랬다면 현재의 '성공 못하면 기적 시스템'은 창조되지 못했을 것이다. 글로벌 유통 플랫폼 기업은 꿈에서나 존재했으리라.

어떻게 보면 이들은 운을 부르는 기술을 이미 파악하고 있었다는 해석이 가능했다. 내가 생각에 잠겨있을 때 반짝거리는 메시지창이 떠올랐다.

성공자는 누구를 막론하고 운의 기술을 습득하고 자유자재로 구사한다. 리치, 귀하도 운의 기술을 사용했으므로 메타와 '성공 못하면 기적' 시스템을 마주하는 행운을 얻은 것이다. 레벨의 차이는 존재하지만 적어도 운은 누구에게나 실상으로 존재하는 것이다.

"아······!"

나도 모르게 탄성이 내뱉어졌다. 내 삶에 운이라고는 이 세상에 태어난 운이 전부라고 생각했었는데 그것이 아니었다. 나의 삶 모든 구석구석에 운이 숨어있었고 운이 안내했으며 운이 선택했다. 그렇다. 우리는 모두 운의 수혜자이며 운을 자유롭게 사용할 수 있는 능력자인 것이다.

단지 우리는 자신의 운을 자각하지 못하고 있을 뿐이다. 단지 그 운을 활용하는 레벨의 차이가 있을 뿐이다. 여기서 레벨이란 운을 부르는 기술의 등급을 말한다.

"그 레벨의 등급은 훈련으로 가능합니다."

포르투나의 청아한 목소리가 그때처럼 더 짜릿하게 들릴 수가 없었다. 운을 부르는 기술이 훈련으로 성취된다는 것이 아닌가. 나는 즉각적으로 반응하였다.

"어떤 훈련을 하면 됩니까?"

운의 주인이 될 수 있다면 어떤 난관이라도 돌파하고야 말겠다는 결의가 활활 타올랐다.

"레벨을 올리시려는 거군요."

나는 '당연하지요!'라고 소리치고 싶었으나 상위 등급 레벨의 성공자들 앞이라 억지로 꿀꺽 삼켰다.

포르투나는 은하계의 신비한 별자리 같은 눈빛으로 나의 영혼을 뒤흔들고 있었다. 그녀의 목소리가 아득하게 느껴졌다.

목표가 명확하고 절실할 때
운의 레벨이 오른다

"메타는 등급이 최상급이군요. 굉장한 레벨이어요. 차원이 다른!"

메타의 운의 레벨을 측정한 포르투나는 감탄사를 연발하였다. 그러나 메타는 한때 최악의 궁지에 몰려있었던 좋지 않은 운의 소유자였다. 좋지 않은 정도가 아니라 최악이었다. 사업은 망하였고 몸은 병들었다. 겨우 아내가 벌어온 푼돈으로 아이들의 학비와 생활비를 감당해야 했다. 그 깊은 좌절과 수렁 속에서 그가 회생할 수 있었던 이유는 단 하나였다. 그건 수도승과 같은 자세로 스스로 운을 불러들이는 훈련을 거듭한 것이다.

"난 분명히 이 시끄럽고 지저분한 월세 지하 방의 동네를 떠나서 이웃의 양지바르고 깨끗한 단지가 조성된 저택으로 이사하고 말 테다!"

성공 못하면 기적이다

메타는 거의 매일 생각하고 상상하고 꿈을 꿨다. 먼발치에서 부자 동네를 주시하다가 가끔 한 번씩은 동네를 어슬렁거렸다. 어떤 집에서 살 것인지 아니면 새집을 어떻게 건축할 것인지도 고민했다. 이른바 '생생하게 꿈꾸면 반드시 이루어진다!'라는 R=VD 공식의 적극적 행동이었다. 본인이 희망했던 차량을 소유하고 말겠다는 일념으로 자동차 전시 매장도 서성거렸다. 영업사원의 안내를 받아서 차량 문도 열었다 닫아보고 탑승을 시도해보기도 했다.

"바로 그겁니다. 그게 운을 부르는 훈련입니다. 간절하게, 보다 구체적으로 절실하게, 또 명확하게 목표를 원하는 것이 첫 단계입니다."

포르투나의 지적대로라면 메타의 훈련 방식은 꿈을 꾸는 행위였다. 나는 가슴이 두근거렸다. 운의 레벨을 올리는 방식은 돌고 돌아 R=VD, 생생하게 꿈을 꾸는 데 있었다. 그 정도는 나도 비교적 쉽게 할 수 있을 것 같았다. 어느 책에서 본 내용이 퍼뜩 머리에 떠올랐다. '할 수 있다.'와 '반드시 할 것이다.'가 합쳐지면 매우 강력한 힘이 발휘된다는 것이다. 이것이 행운의 습관을 소유한 사람들의 특징이라고 했다. '운도 실력이다.'라고 하는 말도 기억났다.

그러나 메타는 단순하게 상상만 하고 있었던 게 아니고 액션까지 이어졌다는 것에 주목해야 한다. 그래서 메타는 '성공 못하면 기적 시스템'에서 꿈과 목표를 그토록 강조한 것이다. 네트워크 마케팅 사업자들을 향해서 차원을 초월한 초월자가 되어 인생 시나리오를 구체적으로 적으라고 애가 타도록 열변을 토해냈다. 메타의 지시에 따랐던 사람들은 운의 기초를 완성하고 레벨이 급상승했다.

운의 레벨 2단계는 PMA 즉 '긍정적인 올바른 마음가짐'이다. 메타는 그 내용을 한자 성어로 적어 성공하고자 하는 사람들에게 주지시켰다.

정선상략正善上略 정직하고 선한 것이 최고의 전략

제심합력齊心合力 마음을 하나로 가지런히 모으는 단결, 협동

이것이 바로 동양의 인문학적 PMA가 아니겠는가. 정직하고 선량한 사람들은 대개 긍정적인 성격을 지니고 있으며 이웃에 대한 배려와 훌륭한 인품을 소유하고 있다. 그들은 협동심도 남다르고 인정도 많다.

메타는 이들에게 '성공 못하면 기적 시스템'에 입문하도록 강력하게 요구했다. 그곳으로 꿈꾸는 이들과 긍정적 마음을 지닌 착한 사람들이 모여들었다.

그리고 메타는 거기에 또 하나의 비장한 무기를 첨부시켰다.

카네기와 나폴레온 힐은 동시에 소리쳤다.

"다른 비밀이 과연 존재하고 있었군요."

"그건 최고 단계의 레벨을 완성하는 운의 최종판이지요?"

포르투나는 신비한 미소를 머금으며 메타를 주시했다.

"답변을 해주시지요."

메타는 나에게 시선을 돌렸다. 그의 눈빛은 내게 정답을 요구하고 있었고 그 정답을 사실 난 알고 있었다. 다만 그것이 운을 불러들이는 최상의 조건이라고는 생각지 못한 무지와 무식의 소유자였

다. 얼굴이 화끈 달아올랐고 부끄러웠다. 메시지창이 경고음과 함께 드러나자 나는 고개를 들 수가 없었다.

리치의 운을 부르는 능력치

노력 30

지구력 20

상상력 70

결단력 10

이해력 70

협력 80

잠재력 90

─────────

전체 레벨 등급 F

레벨 F는 최하의 낙제 점수였다. 하지만 카네기와 나폴레온 힐은 신사였고 진정한 성공자들이었다. 그들은 언제나 겸손하여 쉽사리 타인을 비방하지 않는다. 나의 무안함을 모르는 척 외면해 주었다.

고마운 마음이 드는 순간 메타의 불호령이 고막을 때렸다.

"리치, 이 대목에서 자네가 꼭 새겨들어야 할 말은 낮은 결단력

자체가 자신의 좋은 운세를 망치고 있다는 걸세!"

그러고 보니 난 늘 운이 없다고만 생각했는데 그게 아니었다. 난 운을 부르는 행동을 스스로 결단한 적이 없었다. 그냥 운이 따르지 않는다고 한탄만 했었다.

그러나 메타의 '성공 못하면 기적 시스템'에서 실행되는 행운을 부르는 최상의 방법에 대해서는 이미 습득하고 있었다. 단지 그 효용을 깨닫지 못하고 있었을 뿐이다.

메타는 혹시나 내가 모르고 있을지도 모른다는 생각이 들었는지 불안한 시선이었다.

"설마 그것도 모르고 있는 건 아니겠지?"

모를 리가 있겠는가. 그래도 내 이름이 '리치'인데. 난 말 잘 듣는 씩씩한 유치원생처럼 우렁차게 대답했다.

자신의 운명이
나쁘다면 거역하라

"간절한 열정! 더 간절한 끈기!"

바로 그것이다. 열정과 끈기가 자신의 운을 최상급의 레벨로 인도하는 최첨단의 마법과도 같은 힘이다. 메타의 '성공 못하면 기적 시스템'을 통해서 초유의 성공에 입성한 사업자들은 누구나 간절한 끈기와 열정으로 자신의 운의 등급을 높였다.

메타의 네트워크 유통 플랫폼의 1호 성공 사업자는 여성이었다. 그녀는 망한 오리탕 집 여주인으로 메타와의 인연을 시작했으며 자신의 운을 점차 최상의 레벨로 끌어올린 케이스다.

그녀는 그리스 로마 신화에 등장하는 지혜의 여신 미네르바 Minerva였다. 어떤 상황에서도 자신에게 닥친 난관을 헤쳐나가는 모습이 지혜의 상징 자체이기 때문이다. 망한 오리탕 집 여주인 미네르바는 별로 운이 좋지 못하였다. 본래는 학교의 서무과에 근무하다가 퇴직하여 서적 외판과 팬시 문구점 등 여러 직업을 전전했으나 수입이 신통치 않았다. 그래서 마지막으로 선택한 직업이 오리탕을 전문으로 하는 식당이었다. 지인들에게 돈을 빌리고 은행 대출로 간신히 시작할 수 있었으나 운수가 얼마나 사납던지 개업을 하고 얼마 지나지 않아서 조류인플루엔자, 조류 독감이 유행하는 바람에 그만 문을 닫게 되고 말았다.

"모든 것이 허망했고 포기하고 싶었지요."

본인의 전 재산이 투입된 식당이 폐업하였으니 절망적인 상황이었다. 그때 등장한 메타는 미네르바에게 신기루와 같은 존재였다. 믿을 수 없었으나 믿지 않을 수도 없었다. 메타는 황당한 미래를 약속했으나 생생한 꿈을 미네르바에게 주문하였고 그녀는 분별력 있게 현실을 짚었다.

"판매를 제의받은 화장품 세트가 좋았어요. 난 제법 화장품에 식견이 있었는데 비싼 고급 제품과 비교해도 손색이 없었지요. 가격은 반값도 되지 않아서 그냥 이걸 많이 판매하면 돈벌이는 좀 되겠다 싶었습니다."

그래서 시작했다. 거창한 꿈이나 목표가 문제가 아니라 단지 생활을 위한 도전이었다. 미네르바 역시 이 시기에는 운을 부르는 기술을 습득하지는 못했다.

그러던 어느 날 미네르바는 피눈물 나는 상황에 직면하게 된다. 자신과 허물없이 친자매처럼 지내왔던 오래된 지인을 방문했다가

성공 못하면 기적이다

심한 모욕감을 느끼게 된 사건이었다.

지인이 말했다.

"이런 화장품을 들고 찾아오는 사람이 하루에 수도 없이 많아. 이런 걸 사라고 강요하고 다니지 마라."

겉으로 내색하지 않으려고 얼마나 이를 악물고 참았던지! 어떤 정신으로 어떤 말을 끝으로 나왔는지 모를 지경이었다. 지인이 등 뒤에서 조소를 던지면서 '다단계 년이 되었네.' 하는 비난이 마치 소낙비처럼 환청이 되어 미네르바의 귓속을 파고들었다. 얼마나 원통하고 비참했던지 미네르바는 뛰쳐나온 길거리에서 철부지 어린아이처럼 엉엉 울고 말았다. 가장 가까웠다고 믿었던 지인에게 당한 모멸과 배신감은 단장이 칼로 베어지는 슬픔이었다.

이러한 사건이 계기가 되어 마침내 미네르바는 간절한 열정과 더 간절한 끈기의 여왕이 되었다. 그 덕택에 미네르바는 운을 부르는 레벨의 최정상에 도전하게 된 셈이었다. 역주행이었다.

성공의 공식을 논할 때 대표적으로 등장하는 여자 재벌 에스테 로더는 어느 미용실에서 숙녀답지 못한 귀부인에게 가난하다는 이유로 모욕을 당하고 뛰쳐나간다. 그후 그녀는 성공을 맹세하고 그 맹세를 실천하고 행동에 옮겨서 세계적인 화장품 회사 에스테 로더의 주인이 된다.

그녀는 운을 불러들이는 에너지에 관해서 '꿈의 시각화'를 주문했다. 마음의 눈으로, 생각으로, 상상으로 성공한 모습을 생생하게 그리게 되면 실제로 그럴 일이 일어날 확률이 높다는 가능성에 대해서 증명한 것이다. 에스테 로더는 성공을 시각화하는 자기 암시를 통해서 그 이미지가 현실로 이루어진다는 놀라운 마법 같은 원리를 이용했다고 고백했다. R=VD의 선구자라 할 수 있다.

재벌이 된 에스테 로더는 운을 끌어당기는 노력을 게을리하지 않았다. 그녀는 매일매일 확신에 가득 차 미래에 이루어질 성공에 대해서 미리 축복했고 스스로 감격했다.

미네르바는 끈기와 열정으로 자신의 운을 개척했다면 에스테 로더는 생생하게 꿈꾸는 기술로 행운을 붙잡았다.

"에스테 로더의 생생하게 꿈꾸는 기술은 확실히 운과 연관이 있습니다."

데일 카네기는 운에 관해서 얘기하기 위해 그동안 발설하지 않았던 자신의 부끄러운 과거를 고백하기에 이르렀다.

만일 그 자신이 강철왕 앤드류 카네기의 명성을 활용하려고 1922년 본인의 진짜 성 Carnagey를 버리고 Carnegie로 성을 바꾸지 않았다면 과연 그러한 성공을 쟁취할 수 있었을까?

"네엣?"

나는 깜짝 놀라지 않을 수가 없었다. 성까지 교체하며 데일 카네기가 그토록 간절하게 성공을 원했었다고? 믿어지기 어려웠으나 그건 이미 사실로 드러난 과거사였다.

단순히 성을 바꾸는 일이 아니고 실은 운수를 바꾸는 행위였다.

성공 못하면 기적이다

자신의 운명, 즉 사주팔자를 당당히 거역하고 새로운 운명을 찾아 나선 용기는 갈채를 받아야 마땅하다. 만일 데일 카네기가 운의 레벨을 높이려고 노력하지 않았다면 악취와 벌레가 우글대는 빈곤한 아파트에서 그의 인생은 마감될 수도 있지 않았을까.

나는 갑자기 데일 카네기에게 존경스러운 마음이 들었으나 내색하지는 않았다. 자신의 성을 바꾼다는 것은 동양인 사상으로는 쉽지 않은 결정이 아닌가. 나는 거기까지는 자신이 없었다. 메타는 그런 나의 본심을 꿰뚫어보고 있었다.

"고정관념에서 깨어나야 합니다!"

비가 올 때까지 기우제를
지내는 인디언족

운칠기삼運七技三이란 한자 성어가 있는데 인생에 있어서 운이 작용하는 힘이 훨씬 크다는 의미이지만 실상은 숨어있는 노력을 강조한다. 내 운의 황금률을 최고로 달성하기 위해서 운칠運七을 위한 나머지 기삼技三이 절실히 요구된다. 이것을 크게 세 가지로 분류하면 다음과 같다.

생생하게 꿈꾸는 기술, R=VD

긍정적인 올바른 마음가짐, PMA

그리고 간절한 열정과 더 간절한 끈기, GRIT

이것은 사람의 운을 고도화시켜주는 핵심 요인이다. 분야에 상

164

관없이 대단히 성공한 사람들에게는 세 가지 특성이 나타난다고 한다. 첫째, 그들은 욕구를 소유하고 있었다. 부자가 되고 싶은 생각을 지니고 있으며 사람답게 살고자 하는 욕망으로 무장되어 있었다. 둘째, 근면하고 성실한 태도를 항상 유지하고 있으며 겸손했다. 셋째, 자신이 원하는 것에 대한 이해도가 깊었으며 무엇보다도 열정과 끈기가 존재했다.

한마디로 그들에게는 그릿이 있었다. 그릿이란 '불굴의 의지', '투지', '집념' 등으로 번역되기도 하지만 올바른 해석은 '끈기' 즉, '실패에 좌절하지 않고 자신이 성취하고자 하는 목표를 향해 꾸준히 정진할 수 있는 능력'을 뜻한다.

어떤 영역에서든지 뛰어난 성취를 이루는 가장 큰 요인은 지능도, 성격도, 경제적 수준도, 외모도 아닌 바로 '그릿grit'이었다는 점을 펜실베이니아 대학교의 심리학과 교수 안젤라 더크워스 박사가 저술을 통해 밝혔다. 학생들의 수업을 통하여 성적의 차이가 단순히 지능지수IQ에 고정되어 있지 않다는 사실을 알고 '인생의 성공은 성적이나 재능 외에 제 3의 중요한 요인이 작용한다!'는 것을 오랫동안 추적하여 발견한 것이다. 포르투나는 단정지었다.

"그릿은 사람의 운을 바꾸는 가장 이상적인 행위죠. 이것은 간절한 사람들에게는 지상 최고의 도구입니다."

연구자들 사이에서만 알려져 있던 이 개념은 2013년 그녀의 TED 강연을 통해 미국 전역에 핫 키워드로 떠올랐으며 전 대통령 버락 오바마와 연방준비제도이사회 의장 재닛 엘런의 연설에 그릿

연구결과가 인용되면서 심리학은 물론 언론, 교육, 스포츠 등 여러 분야에 '그릿 돌풍'을 일으켰다.

행운은 기다리는 것이 아니라 스스로 만들어나갈 수 있다는 개념을 심어주는 단어 그릿은 회복 탄력성이나 역경지수를 포괄적으로 함축하고 있다. 회복 탄력성이란 마음의 근력으로 시련이나 실패, 좌절 등을 극복하고 다시 재도약하려는 일종의 의지력이다. 이경우 처음보다 더 성숙한 위치에 오르게 된다. 그리고 역경지수는 수많은 역경에도 굴복하지 않고 끝까지 도전해 목표를 성취하는 능력을 의미하는 것으로 그러한 능력이다.

따라서 그릿을 실천하는 사람에게 실패에 대한 두려움 따위는 애초에 존재하지 않는다. 자신이 설정한 명확한 목표와 꿈을 향해서 그것이 이루어지는 그날까지 불굴의 의지로 나아간다.

이것은 마치 인디언들이 기우제를 지내는 의식과도 같다. 인디언 부족은 기우제를 지내기만 하면 반드시 비가 내린다. 왜냐면 그들은 비가 내릴 때까지 기우제를 멈추지 않기 때문이다. 운도 질려버리게 만드는 방법의 하나가 바로 불굴의 그릿인 것이다.

나는 포르투나를 통해서 그릿이란 단어의 본질을 깨우치고 잠시 감동에 잠겼다. 카네기와 나폴레온 힐도 동감을 표시했고 메타 역시 고개를 끄덕였다. 생생하게 꿈꾸는 능력과 긍정적인 올바른 마음가짐도 훌륭한 성공의 주문이지만 간절한 열정과 끈기도 필수라고 할 수 있었다. 메타가 그 점을 상기시켰다.

166

"사업 초기에 나 자신과 약속을 했었습니다. 하루에 반드시 10명을 만나고 그들에게 제품을 판매하기로."

어느 날엔가 9명을 만나고 귀가하는 길이었다. 발걸음이 제대로 떨어지지 않았다. 물론 그 이유는 10명이란 목표를 채우지 못했기 때문이었다. 메타는 고민 끝에 학창 시절의 친구를 찾아갔다. 평소 까칠한 면이 있는 친구라서 전화하기가 싫었고 두렵기까지 했다. 망설이는 중에도 시간은 자꾸 흘러갔고 점차 자정이 거의 되어갔다. 차라리 전화를 받지 않았으면 좋겠다는 심정으로 용기를 내어 불러냈다. 의아한 얼굴로 나온 친구에게 본론은 꺼내지도 못하고 빙빙 말을 돌리기만 했더니 오히려 친구가 요점을 묻기에 소심하게 대답했다.

"네트워크 사업을 시작했는데 제품 하나 구입……해 달라고."

"그래? 너 대단한 일 시작했구나. 앞으로 그 사업 비전 있어. 잘해봐라."

친구의 격려를 듣는 바로 그 순간 깨달음이 왔다. 그것이 메타가 영업의 달인이 될 수 있다고 선언한 '지 맘의 법칙 내 맘의 법칙'이다. 우리는 내 마음만 스스로 조절할 수 있다. 타인의 마음은 온전히 그의 것이다. 내가 아무리 고민한다고 해도 상대방이 고려하지 않으면 소용없게 된다. 다만 우리는 간절한 열정을 가지고 목적에 도달하고자 전력을 다하면 운이 변할 수도 있다.

'지 맘의 법칙과 내 맘의 법칙'에서 상대방의 마음을 내 마음으로 바꾸는 작업은 오직 간절한 열정과 끈기로 가능하다. 옛날에 우리의 부모님들이 하늘에 대고 빌던 기원은 여기서 비롯된 것이다. 그것이 내 운을 바꾸고 운명을 결정짓는다. 친구는 자정이 넘어서 방문한 그 열정과 끈질김에 닫혀있던 마음이 열린 것이다.

혹시 운은 사람의 신념과 집념의 폭에 의해서 자동으로 조절되는 것은 아닐까? 우주의 파장이 간절함의 영향을 받아서 변화가 일어날 개연성은 충분히 있다.

그래서 사람은 자신의 운명을 어느 정도 알아야 한다. 나름 정확한 판단 기준을 지니고 있어야 한다는 뜻이다. 자신의 깊은 자아와 내면을 아는 것이 가장 중요하다. 운명에 순응하며 살아가되, 반드시 그 운명을 개선하는 노력을 기울여야 한다.

운명을 무조건 거부하는 일도 운명을 개선하려고 노력하지 않는 일도 사람의 도리를 다하지 않는 일이다. 중국의 스님이며 사상가인 남회근 선생은 운명을 바꾸는 방법으로 '지명, 독서, 적선' 등을 제시하였다. 태어날 때부터 정해져 있는 운명도 선을 쌓고 책을 읽으면서 끈질기게 노력하면 반드시 변화하는 날이 온다. 이미 태어날 때 정해져 있다고 하는 운명이지만 마냥 팔자타령만 하면서 인생을 무가치하게 보내서는 안 된다. 운명에는 상수常數와 변수變數가 작용한다고 한다. 과거에 지은 업은 상수로서 변할 수 없으나 현재 생각하고, 말하고, 행동하며 짓는 업은 변수로서 자신의 의지대로 조절할 수 있다고 한다.

포르투나의 듣기 좋은 목소리가 낭랑하게 울려 퍼졌다.

"그런 의미에서 간절한 열정과 끈기는 운을 변하게 만드는 유일

성공 못하면 기적이다

한 마스터키입니다."

메타와 나는 성공의 대가들과 작별을 준비해야 했다. 데일 카네기 아바타는 내게 신념을 심어주기 위해 노력했다.

"미스터 리치, 멘탈버스를 통해서 만났으나 우린 오랜 친구처럼 생각됩니다. 정확한 소통의 의미를 알고 있으니 인간관계에서 훌륭한 업적을 거둘 것입니다. 그것이 바로 성공으로 향하는 지름길입니다."

카네기가 강조했던대로 비난과 불평을 삼가고 칭찬을 무기로 삼아서 상대방의 입장을 고려한다면 인간관계에서 절대 실패하지 않을 것이다. 사회에서의 생활은 궁극적으로는 타인과의 교류와 조화가 매우 중요하다. 그런 의미에서 진정한 소통이란 성공에 입문할 수 있는 최상의 자격증을 획득한 것과 같다.

나폴레온 힐은 마스터 마인드 조합과 PMA에 관련해서 당부했다.

"긍정적인 올바른 마음가짐으로 마스터 마인드를 시도한다면 원하는 성공을 반드시 쟁취할 것입니다. 리치, 당신은 이제 부자가 될 것입니다. 아니, 이미 부자입니다."

나는 그들과 극히 짧은 만남의 시간을 가졌으나 놀랍도록 많은 영향을 받았다.

'난 성공자다! 난 이미 성공한 사람이기 때문에 어떤 상황에서도 당당하다. 성공자에게 있어서 여유란 특권이다. 난 모든 면에서 지금 여유롭다!'

나의 마음은 지극히 평온했고 확신에 가득 찬 정신으로 점차 고무되어갔다.

"헤어지는 마당이니 아까 얘기했던 당신의 '차원이 다른 성공 목표'에 관해서 이야기해주겠소? 리치?"

"어차피 성공할 것이 분명하니 그걸 숨길 필요는 없겠지요. 궁금해서 그럽니다."

그들은 나의 차원이 다른 목표에 대해서 잊지 않고 관심을 지니고 있었다. 설마 헤어지는 마당에서 알고 싶어 한다고? 내가 그들에게 있어서 뭔데? 깜빡 잊고 있었다. 데일 카네기와 나폴레온 힐은 세기적인 동기 부여, 자기계발의 성공자들이었으며 그들은 마스터 마인드의 훌륭한 인격자들이었다. 난 내 꿈을, 원대하고 명확한 목표를 이야기하지 않을 수가 없었다.

"10년 안에 문화 플랫폼을 만들고 싶습니다. 시와 음악, 책의 향기가 있고 인문 강의가 나무가 되고 숲을 이루는 문화 스페이스 플랫폼, 여기서 문화를 사랑하는 사람들이 서로 교류하고 소통하고 즐기는 장소를 완성하고 싶습니다. 예술을 사랑하는 사람들이 무료로 이용할 수 있는 명소 말입니다. 대략 5층 정도이면 좋겠고 대지는 500평에 연건평 300평 규모로 일단 생각했습니다. WWWH를 구체적으로 적용했습니다."

나폴레온 힐이 환호했다.

"원더풀, 매우 좋습니다. 그런데 거기서 아직 두 가지가 빠졌습니다."

성공 못하면 기적이다

카네기 아바타가 지적했다.

"무엇을what 원하는지, 언제when 얻고 싶은지는 선언했습니다. 그런데 가장 중요한 왜why 원하는지 그것을 이루기 위해서 어떻게 how 할 것인지가 명료하지 않아요."

나는 전문가들의 의견에 반박하지 않았다. 다만 나는 약간의 비장한 결의를 내비쳤다.

"어떻게 할 것인가를 배우는 과정에 지금 있습니다. 적어도 난 멘탈버스에서 '나의 성공 시스템'을 열심히 학습했기에 이제는 어느 정도 상당한 수준에 도달했다고 자부합니다."

이렇게 설명하면서도 나는 나의 변화에 대해서 약간 놀랐다. 나는 스스로 '자신한다.' '자부한다.' 등의 단어를 사용한 적이 없었다. 아니 사용하지 못했다. 내게도 변화가 찾아왔다. '나의 성공 시스템'의 코스를 단계적으로 지나오면서 나도 모르게 성공지수가 높아진 것이다.

정확히 필요한 때에 멘탈버스의 상공에 메시지창 하나가 떠올랐다.

성공 레벨업 20% 더 상승 / 전체 성공 등급 상위권 진입

    목표설정 80

    소통능력 80

    PMA 85

WWWH 75

메멘토모리 90

R=VD 80

마스터 마인드 85

운 65

종합 성공지수 80

전체 등급 B-

데일 카네기와 나폴레온 힐은 메시지창을 확인하고서 자기들 일인 것처럼 기뻐하며 축하해줬다. 나에 대한 평가가 그 짧은 시간에 이렇게 바뀐 것에 대해서 놀라지 않을 수가 없었다.

"리치, 멘탈버스는 차원을 초월하는 공간이란 사실에 주목해야 합니다."

"그래도 믿어지지 않는 수치입니다."

데일 카네기와 나폴레온 힐이 동시에 찬사를 쏟아냈다.

"리치의 자세는 좋았어요."

"성공의 의지가 충분했어요. 그리고 무엇보다도 마스터 마인드의 소양을 지니고 있었잖아요. 긍정과 메멘토모리는 너무 훌륭했다니까요."

나는 그들에게 고개 숙여 감사를 표하는 것을 잊지 않았다. 격

려와 칭찬이 얼마나 중요한지를 새삼 그들의 행동을 통해서 느끼게
되었다. 메타의 한 마디가 평가를 마무리했다.

"하지만 저 목표도 변할 수 있습니다. 사람은 누구나 성장함에
따라서 표적이 달라지기도 합니다. 더 월등하게 크거나! 아니면 더
현실적으로! 하지만 리치가 항상 차원이 다른 목표를 지녔으면 좋
겠습니다."

우리는 악수하고 서로를 뜨겁게 안아보는 것으로 헤어짐을 마
무리했다. 메타도 그들에게 성의를 다했다.

"기회가 생기면 다시 초대하겠습니다."

"기꺼이 방문하도록 하겠습니다."

그들이 떠나간 후 메타는 본인의 초호화 승용차의 조수석 문을
손수 열어줬다.

"타시게, 이 승용차도 십수 년 전에는 그림의 떡이었지. 그래도
난 생생하게 꿈을 꾸었어. 언젠가 분명 내 소유가 될 것을 알고 있
었지."

메타는 내게 R=VD에 관한 설명을 하고 싶어서 그 말을 꺼냈을
것이었으나 난 선수를 쳤다.

"생생하게 꿈꾸면 이루어진다는 공식은 우주의 기를 움직이는
것이지요?"

"내가 그런 능력자라고? 그렇게 보이나?"

나는 고개를 끄덕였다. '성공 못하면 기적 시스템'을 완성한 메

타는 나에게 있어서 분명 성공의 초월자였다. 메타의 최고급 승용차는 자동으로 움직였다.

"인공지능으로 운전되는 자율 자동차라네. 이제는 사람이 운전하게 되면 그게 불법인 시대가 오고 있다네."

신기했지만 멘탈버스의 세계가 아니라 머지않아서 우리 앞에 벌어질 미래였다.

"우리는 어디로 가는 겁니까?"

"기대해도 될 거야. 당대 최고의 부자를 만나러 가는 거니까."

나는 궁금했으나 그가 누구인지 묻지 않았다. 그런데 맙소사! 전혀 의외의 인물이 등장했다. 설마 그가 멘탈버스에서 최고의 부자란 말인가?

PART 6
부자보다 부유해지는
소크라테스의 철학
Socratism

"우리가 인문학에 주목해야 하는 이유는 통찰의 감각을
키우기 위해서이다. 통찰이란 예리한 관찰력으로 사물을 꿰뚫어
버리는 능력이다. 불확실성과 혼돈의 초뷰카시대에 통찰의
자양분은 인문학, 즉 후마니타스다."

chapter 1 목숨보다 진실을 사랑한 남자
chapter 2 세상을 떠나기 전 모든 돈을 기부하라
chapter 3 참된 부자는 나눔 속에서 탄생한다
chapter 4 철학 없이 돈을 벌면 불행이 시작된다

목숨보다 진실을
사랑한 남자

메타의 차가 멈춘 곳은 놀랍도록 하늘 꼭대기까지 솟아오른 까마득한 마천루였다. 내 경험으로는 이토록 높은 건물을 본 적이 없었다. 아랍에미리트 두바이에 건립된 829.8m 부르즈 할리파가 세계 최고층 건물이란 타이틀을 달고 있다고는 하지만 눈앞의 건축물은 그 이상이었다.

"21세기의 바벨탑이 멘탈버스에 세워져 있군요. 건물 이름이?"

Socrates Platon Aristoteles

성공 못하면 기적이다

메타가 내 머리 위의 메시지창을 가리키며 존경심 어린 표정을 지었다.

"소크라테스 플라톤 아리스토텔레스!"

이 거대한 건물명이 고대 그리스의 철학자들 이름에서 따왔다고? 처음에는 좀처럼 이해가 되지 않았다. 메타는 날 안내해서 저명한 고대 철학자의 명성을 딴 건물 내부로 들어갔다. 판타지가 따로 있지 않았다. 여기가 별세계이며 천국이 아닌가 싶을 정도였다. 잔잔히 음악이 흐르는 가운데 길은 자동으로 움직이는 무빙워크였고 벽면에는 NFTnon-fungible token로 변환된 유명 미술작품들이 즐비하였다. 음악 소리에 맞춰 장식된 화초들은 너울거리며 춤을 추었다. 빠른 템포의 음악이 나오자 화초의 율동은 댄스를 보는 것처럼 경쾌했다. 실내임에도 불구하고 꽃향기가 그득했으며 정원과 호수, 동산이 줄지어 나타났다.

수많은 아바타가 공간을 메우며 즐기고 있었다.

"인사하게 리치, 이 건물의 주인이시네."

눈부신 조명 아래 흐트러진 머리카락의 아바타가 미소짓고 있었다. 난 빠르게 그의 이름을 눈으로 스캔하였다.

'Socrates!?'

하마터면 놀라서 비명을 지를 뻔하였다. 이 어마어마한 건물의 주인이 소크라테스란 말인가? 메타의 말에 의하면 그가 세계 최고의 갑부라고 하지 않았던가? 본래 그리스의 철학자 소크라테스는 빈민의 가난뱅이로 알려져 있었다.

"놀랐지? 내가 이 건물 '소크라테스 플라톤 아리스토텔레스'의 주인이라는 것이. 하하하 당연하다. 나 역시 상상하지 못한 일이니까. 세상은 미궁 덩어리고 그래서 재미있는 법이야."

소크라테스 앞에서 차마 입이 열리지 않았다. 독배를 마시고 세상을 떠났으나 그의 위대한 철학은 기원전과 후를 통해서 세상에 막대한 영향을 미치지 않았던가?

'네 자신을 알라!'

그가 주로 인용했던 이 말의 의미는 실로 심오하다. 자신을 제대로 알고 있는 사람이 얼마나 될까? 소크라테스는 완전히 나의 마음을 지배하고 있었다.

"그건 델포이의 아폴론 신전에 새겨져 있던 것이다. 신탁神託으로 인해서 내가 세상의 꼴값하는 인간들에게 널리 전파했던 일종의 경고문이지."

어쩌면 이 한마디의 말로 인해서 소크라테스가 귀족 시민 사회의 미움과 저주의 대상이 되어 끝내 사형수가 되었을 수도 있었을 것이다. 탐욕과 오만에 빠진 아테네의 귀족들에게 소크라테스의 '네 자신을 알라!'는 굉장한 모욕으로 생각되었다.

문득 그가 입을 열었다. 감히 소크라테스의 말이므로 난 잔뜩 긴장하여 경청하였다.

"인간은 소우주야."

우주란 얼마나 광활한 미지의 세계인가? 그런데 사람을 우주의

180

축소판으로 보는 것이 타당할까? 인체의 구조는 60조 개의 세포로 이루어져 있으며 그 세포 하나하나마다 유전자 정보가 가득 들어가 있다고 한다. 게다가 인체 내에는 120~500조 마리 이상의 미생물이 공생하고 있다.

이탈리아 연구진은 우주의 은하계 구조와 인간의 뇌 구조가 매우 닮아있다는 연구결과를 국제학술지에 발표하기도 했다. 유사성이 존재한다는 것이다.

"그래서 인간은 신비한 존재이지."

소크라테스는 과연 철학자답게 인간을 소우주의 신비한 존재로 규정하였다. 본래 추남이라고 알려져 있었으나 내 눈앞의 아바타는 중후한 인품과 넉넉한 풍채를 지닌 호남형 인물이었다. 다만 그는 세계제일의 갑부답지 않게 맨발이었다. 소크라테스와 만날 기회는 감격할 노릇이고 영광이었다. 그래서 확인하고 싶었다.

"정말 그리스 아테네의 철학자 맞으십니까?"

나도 내가 이렇게 당돌한 질문을 하게 될지는 몰랐다. 메타가 갑자기 옆구리를 가볍게 찍으며 속삭였다.

"소크라테스와 만남을 주선하기 위해서 상상도 할 수 없는 대가를 지급했어."

이 만남이 그랬던 거야? '투자의 귀재'로 불리는 워런 버핏과 점심 한 끼 식사하며 대화를 할 기회를 얻는 자선행사 '버핏과의 점심'의 역대 최고의 경매가는 1,900만 달러약 246억 원라고 들은 적이 있었다. 소크라테스가 농담처럼 흥얼거렸다.

"그는 주로 돈과 관계된 투자 상담을 하고 난 소울soul에 대해서 말한다네. 어디에 더 가치가 있는지 알겠나?"

나는 메멘토모리를 입안에서 계속 웅얼거렸다. 소크라테스가 섬광이 일어날 듯한 눈길로 주시했다. 전설적인 사상가 앞에서 입을 열기 위해서는 용기가 필요했다.

"물질과 비교할 수는 없겠지요."

"틀렸네."

소크라테스는 단정적이면서도 직설적으로 나의 대답에 제동을 걸었다. 대 철학자가 어떻게 정신을 물질과 비교한단 말인가.

"그래서 내가 이 자리에 있게 된 것이지. 혹시 내가 어떻게 해서 이 건축물을 소유하고 최고의 부호가 되었는지 메타에게 들었나?"

난 들은 적이 없었으므로 고개를 저었다. 사실 이 점이 매우 궁금하기는 했다. 청빈의 대명사처럼 여기던 아테네의 철학자가 세기의 부자라니. 극과 극의 카오스다.

"간단해. 아랍 최고의 부호가 이 건물을 완성하고 나서 내게 주었다네. 물론 아무 조건은 없었지."

"엥?"

믿을 수가 없었다. 미치지 않고서야 어떻게 그런 일이 가능하단 말인가? 어이없는 표정의 나를 주시하는 소크라테스의 눈빛은 혜안이 그득했다.

"물론 이 건물을 소유하고 있다고 해서 세계 최고의 부자는 아니지. 하지만 중동의 갑부들이 사망하게 되면 자신들의 재산을 나 소크라테스에게 상속한다는 유언장을 줄줄이 작성했단 말일세. 어떤가? 그럼 내가 최고의 부자 맞지?"

그래서 소크라테스는 지구상에서 가장 놀라운 부자가 되었다는 것이다. 이런 일이 실제로 가능한가? 아니지 여기가 멘탈버스의 아바타 세상이란 것이 실감 났다. 그러자 국내의 유명가수 한 명이 소크라테스를 '테스형'이라고 간절히 노래했던 가사가 떠올랐다.

'……아 테스형 세상이 왜 이래, 왜 이렇게 힘들어 아 테스형 소크라테스형 사랑은 또 왜 이래. 너 자신을 알라며 툭 내뱉고 간 말을 내가 어찌 알겠소, 모르겠소 테스형……. 아 테스형 아프다. 세상이 눈물 많은 나에게……세월은 또 왜 저래. 먼저 가본 저세상 어떤가요 테스형 가보니까 천국은 있던 가요 테스형. 아 테스형 아 테스형…….'

소크라테스가 내 마음을 읽고 있었다.

"세상살이가 만만치는 않지. 절대 호락호락하지 않아서 노래까지 나와서 잠든 날 불러내는 거야. 그들에게 내가 현실에 맞게 해줄 수 있는 이야기는 간단해."

소크라테스와 직접 만나서 이런 말을 들을 수 있는 영광이 어디에 있겠는가? 나는 정신을 가다듬었다.

"준비됐습니다."

"내가 죽음의 독배를 마신 것은 용기였고, 그 용기는 결단에서 나온 것이라네."

그의 용기는 새로운 세계를 이해하지 못하는 아테네의 시민들에게 죽음으로 항거하는 소크라테스의 결단이었다. 새삼스럽게 위대한 철학자의 명언이 가슴속에 울림으로 다가왔다. 평소 기억하고 있던 소크라테스의 말을 떠올렸다.

'세상을 움직이고 싶다면, 나부터 움직여라!'

'더 나은 삶을 계속 찾는 것이 최고의 삶을 사는 것이다.'

그렇다. 이미 소크라테스는 지혜롭게 살아가는 방법을 우리에게 제시했다. 지금보다 나은 나를 위해서 노력하지 않는다면 나의 발전도 미래도 암울할 뿐이다. 내가 행동해야 주변이 변하고 세상이 변하는 법이다. 소크라테스가 '나의 성공 시스템'에 등장한 이유가 설명되었다. 그가 요구하는 것은 바로 용기 있는 결단과 행동이었다.

성공 못하면 기적이다

세상을 떠나기 전
모든 돈을 기부하라

소크라테스는 빈곤했으나 그의 정신은 부유했다. 역사 속에서 그는 몰락해가는 황폐한 시민 정신을 일깨우기 위해서 자신의 신념을 설파하다가 사형에 처하게 되었다. 그는 유언으로라도 시민들의 병을 고쳐서 착하고 참된 마음으로 돌아가기를 희망했다.

인류애를 위한 죽음을 선택했던 소크라테스를 위한 자선 기부 행사가 멘탈버스에서 벌어졌다. 그리고 여기서 상상할 수 없는 기적이 발생했다. 세기의 갑부들이 점차 물질과 정신적으로 타락해가는 자신과 가족들을 위한 돌파구로 소크라테스에게 모여들었다.

그의 강연을 들은 세기의 부호들은 새로운 세상을 만났다. 탐욕의 과정은 100년을 넘기지 못한다. 착취로 부를 이룬 자의 말로는 비참하다. 부를 잘못 활용하면 온 가족, 가문이 멸망 당하게 된다.

그것은 마치 우주의 순리를, 자연의 조화를 역행하는 행위가 되어 끝내 빅뱅의 파멸로 이어질 수도 있다. 재물은 쌓아두는 것이 아니고 순환시켜야만 한다. 부의 조화로운 균형이 가장 중요하다.

"대부호들이 그걸 깨달았기에 유언장에 나 소크라테스를 지명한 것이지."

나는 반박하지 않았다. 만일 내가 재벌이 된다면 나도 소크라테스에게는 안심하고 재산을 양도할 수 있을 것 같았다. 그러고 보니 이미 적지 않은 부호들이 자신의 재산을 사회에 환원하고 기증하는 일에 앞장서고 있었다.

세계적으로 유명한 투자가인 워런 버핏은 자신의 재산 99%를 생전에 사회에 환원하겠다고 발표했다. 그는 약 415억 달러51조 원 가치의 증권회사 주식을 빌 게이츠 재단 등 5개의 민간 재단에 기부했다. 주가가 상승하면서 기부한 주식 가치는 1,000억 달러가 넘는다고 하니 대단한 기부임이 분명하다. 워런 버핏은 평소 자신의 신념에 따라 부를 사회에 돌려주겠다는 약속을 이행한 것이다.

성공한 부호의 일부는 자신이 살아있는 동안 세상이 좀 더 나아지기를 희망한다. 그들의 기부는 생전에 다양한 방면으로 사용된다. 벤처투자가 존 도어와 부인 앤 도어는 지구의 환경 기후 위기 대처 연구를 지원하기 위해서 스탠포드 대학에 11억 달러약 1조 3,860억 원를 기부했다. 뉴욕 시장을 역임한 블룸버그뉴스 창업자 마이클 블룸버그는 모교인 존스홉킨스 대학의 저소득층 학생을 위한 재정지원 프로그램에 18억 달러를 기부했다. 개인의 미국 대학 기부금으로는 역대 두 번째로 큰 액수다.

기부의 끝판왕이라면 누가 뭐래도 척 피니를 이야기하지 않을 수가 없다. 아일랜드계 노동자 가정에서 태어나 면세점 업종으로 자수성가한 이 억만장자가 현재는 서민이 되었다. 그는 자신의 전 재산을 자선재단에 전액 기부하고 미국 샌프란시스코의 검소한 임대 아파트로 들어갔다. 그는 '살아있을 때 기부하자!'라는 좌우명을 그대로 실천한 아름다운 기부의 제왕이었다. 80억 달라 약 9조 원을 아낌없이, 남김없이 기부한 그의 정신을 어떻게 다 설명할 수 있을까?

"척 피니는 카네기의 '부의 복음'에 영향을 받았다고 하더군. 그는 빈털터리가 되었으나 누구보다도 행복할 거야."

소크라테스는 부자에서 이제 평범한 빈자가 된 척 피니에 대해서 평가했다. 메타 역시 척 퍼니에 대한 심정을 토로했다.

"나의 지론도 돈은 쌓아두지 말고 사회의 어려운 구석구석을 살피는 데 써야 한다는 것입니다. 척 퍼니는 실천하는 성공자의 표상입니다."

그런데 이상하게도 나는 성공하여 부자가 되지 못했는데도 척 피니의 감정을 이해할 수 있었다. 그가 지금 얼마나 행복할지 상상되었다. 자신이 소유했던 그 많은 재산을 필요한 사람들과 나눈다는 것은 얼마나 멋진 일인가. 이것이었다. 진정으로 차원을 초월하는 목표란 바로 이런 것이다. 나는 갑자기 심장이 무섭게 요동침을 깨달았다. 즉시 메시지창이 눈앞에 떠올랐다.

리치의 차원이 다른 목표 설정으로 성장 레벨이 조정되었습니다. 리치는 100점 상향 만점입니다.

나는 깨달을 수가 있었다. '나의 성공 시스템'에 메타가 왜 이런 코스를 설계했는지 그 이유를 확연하게 느끼게 된 것이다. 소크라테스와 메타는 나의 성공을 응원했다.

"리치, 자네는 100% 성공할 수 있는 자질을 갖추게 되었네. 축하해!"

"차원이 다른 목표를 이루기 위해서는 역시 초월자가 되어야 한다는 사실 알고 있겠지?"

나는 자신 있게 대답했다.

"평범함을 거부해야 합니다."

소크라테스가 메타에게 불쑥 물었다.

"메타 역시 나누는 일에 앞장서고 있다는 것 알고 있지. 아주 잘하고 있는 짓일세. 그 일을 멈추지 말게나."

메타는 수년 전에 100억 원이란 돈을 '생명을 소중히 여기는 양육미혼모' 사업에 사랑의 열매를 통해서 기부하였다. 이어서 2021년에는 전 세계 27개국의 어린이들을 위한 국제 어린이 양육기구 컴패션 재단에 120억 원을 후원하였고 2022년에는 140억 원을 추가로 지원하였다. 컴패션은 1952년 미국인 스완스 목사가 한국전쟁 중에 골목에서 비참하게 죽어가는 어린 소년들을 목격하고

성공 못하면 기적이다

돌아가서 한국 어린이들을 위한 구호 활동으로 시작되었다고 한다. 그 덕분에 한국에는 1,200여 개의 고아원이 설립·운영될 수 있었으며 거기서 성장한 어린이들이 결국 오늘날 대한민국의 발전에 일익을 담당한 것이다. 이제는 우리가 갚아줘야 할 때이다. 메타의 기부 덕택에 대한민국의 컴패션 기부금이 미국에 이어서 두 번째가 되었다고 한다.

"좋아, 아주 좋아! 메타, 잘하고 있군."

소크라테스의 칭찬에 메타는 겸손했다.

"부족합니다. 앞으로 더 노력하려고 합니다."

"그런 마음과 자세라면 반드시 그리되는 거야. 훌륭해! 진정한 부자는 널리 이롭게 하는 사람일세."

나는 최고의 철학자 소크라테스와 차원을 달리하는 경영인의 대화를 경청하며 '나의 성공 시스템'의 핵심 비결을 마음속에 새겨 나갔다. 그 어떤 것보다도 소크라테스의 가르침이 내 꿈을 자극하고 있었다.

죽음을 기억하는 메멘토모리와 '올바른 긍정의 마음가짐' PMA, 마스터 마인드와 '생생하게 꿈꾸면 이루어진다.'는 R=VD까지. 소크라테스의 목소리가 경쾌하게 들려왔다.

"나의 꿈은 인류가 보다 아름답고 정의롭게 살아가는 데 있지. 그래서 말인데 나는 '기회의 평등', '약자들을 위한 배려', '환경의 보존', '공의 기업 확대' 등등 이런 데 1,000조를 기부할 생각이야."

"1,000조라고요?"

1조, 아니 1,000억 100억이라도 어마어마한 거금인데 무려 1,000조 원이라니. 이런 말을 발설하는 것 또한 소크라테스라서 이해할 수 있었다. 어차피 세기의 부호들이 그에게 유산을 상속한다고 하지 않았던가. 그때 갑자기 메타가 A4 용지를 내게 내밀었다.

"리치, 자네는 소크라테스에게 얼마나 많은 유산을 기부할지 약정하게나."

나는 망설이지 않고 펜을 들었다.

성공 못하면 기적이다

참된 부자는
나눔 속에서 탄생한다

메타는 다시 한 번 강조를 잊지 않았다.

"적는다는 것은 매우 중요한 습관일세. 특히 구체적으로 아주
상세히 기록할 것을 권장하네."

"자신의 꿈을 늘 작성하라고 요구하셨지요. '성공 못하면 기적
시스템' 구성 중의 일부분이지요. 명심하고 있습니다."

기부 액수를 정하는 것도 연관이 있다는 생각을 잠시 했다. 소
크라테스가 그 점을 놓치지 않고 간파했다.

"리치, 사실 유산 기부를 작성하는 일은 주도적이지만 객관성이
요구되기도 하지. 특히 현재의 자네처럼 빚을 지고 있는 상태에서
는 말일세."

당연했다. 난 어찌 생각하면 파산에 가까운 신용상태에 있지 않

은가. 그런 내가 무슨 유산이 있다고 기부서를 작성한단 말인가? 내가 멘탈버스에 입장하기 전이라면 이렇게 생각했을 거다. 그러나 지금은 여러 단계의 코스를 넘어오면서 변화가 생겼다. 자신감과 용기, 결단으로 무장되기 시작했다. '나의 성공 시스템' 목표 설정 부분에서는 최고 득점까지 받았다. 나는 나의 변화를 느끼고 있었다.

나는 이미 생각하고 있던 성공 목표금액의 50%를 적어서 소크라테스에게 넘겼다. 소크라테스는 만족한 미소를 지었고 메타는 궁금한 듯 물었다.

"리치의 유산 기부금은 얼마입니까?"

소크라테스는 싱긋 웃더니 내가 작성한 유산 기부금 약정서를 꾸겨서 입안에 넣고 씹기 시작했다. 그의 엽기적인 행동에 메타와 난 두 눈이 휘둥그레졌다.

"자네가 적은 금액은 오직 자네와 나 둘만 알고 있지. 이것이 문서로 남아 있다는 것은 리치의 자유를 부담스럽게 만드는 형식이야. 근본적인 신의는 종이로 남아있는 것이 아니고 우리의 가슴과 정신에 저장되어 있어. 난 리치의 목표를 존중하고 꼭 성공한다고 신뢰해. 왜냐고? 하하하―잊었나? 난 소크라테스야!"

메타는 못내 내가 적어낸 유산 금액이 궁금한 모양이었다.

"알고 싶군. 그런데 이거 아는가? 지금 자네가 적어낸 금액은 꿈의 액수이지만 그냥 단순히 쓴 건 아니란 사실이야. 그냥 머릿속에서 아무렇게나 나온 것이 아니라 그래도 근거가 있는 금액일 것이

성공 못하면 기적이다

분명해. 그렇지 리치?"

메타의 분석은 일리가 있었다. 인간은 아무렇게나 사는 동물은 아니다. 만물의 영장이라는 인간의 학명學名은 호모 사피엔스homo sapiens다. 사고하는 사람이란 뜻이다. 하지만 인간이 생각만 하고 살지는 않는다. 그래서 호모 파베르homo faber이면서 동시에 호모 루덴스homo ludens다. 도구를 이용해서 뭔가를 끊임없이 제조하는 사람이면서 놀이를 즐기는 사람인 것이다. 그와 동시에 언어를 사용하는 사람이라는 호모 로쿠엔스homo loquens와 몸으로 교감하는 호모 섹스쿠스homo sexcus, 그리고 적극적으로 활동하는 호모 모벤스homo movence, 창의적이고 미래지향적이며 실용적인 신지식인인 호모 날리지언homo knowledgian 등 인문 철학에는 사람만이 소유하고 있는 감정과 행동, 성향을 다양하고 변화무쌍한 형태로 정의하고 있다.

나는 '나의 성공 시스템'에서 인문과 철학이 어떤 역할을 하는 것인지 처음에는 분간이 가지 않았다. 메타가 왜 이상적인 사람을 만드는 것, 후마니타스humanitas를 위해서 나를 철학자 소크라테스에게 안내했는지 생소할 따름이었다.

그런데 조금씩 그 이유를 깨달아가기 시작했다. 결국 진정한 성공이란 부자가 되는 욕심만으로 이룰 수는 없다. 메타는 그 욕심이 나의 전부를 지배해서는 안 되는 것이란 사실을 알려주고 싶은 것이었다. '나의 성공 시스템'에 있어서 이것은 중요한 키포인트였다.

소크라테스가 가볍게 손뼉을 쳤다.

"과연 리치는 꿈과 목표만 100%가 아니고 성찰의 지수도 매우 높아. 철학과 인문을 대하는 태도가 진지해. 세상은 자네처럼 사람 다운 사람이 성공하는 시스템이야."

메타는 이미 확신하고 발언을 했다.

"철학이 존재하지 않는 성공은 가치가 없는 것이야. 그래서 부 자라고 말하지만 전부 진정한 부자는 아니야. 참된 부자는 인문의 철학 속에서 탄생 되는 법이지."

나는 메타의 말을 부정하지 않았다. 내 눈으로 그 과정을 목격 했던 적이 있다. '성공 못하면 기적 시스템'을 통해서 부자가 된 또 한 명의 여성, 그녀의 이름은 리베르타스Libertas다. 깊은 사고의 소 유자, 즉 자유의 여신이라고 설명해도 무방할 것 같다. 리베르타스 는 네트워크 마케팅을 전적으로 하던 친오빠 때문에 폭망폭삭 망하다 했던 시절이 있었다. 그럼에도 불구하고 그녀는 네트워크 마케팅 에 편견 없이 도전해서 성공했다.

그녀는 정규 교육 과정을 정상적으로 이수하지는 못했으나 그 이상의 지적, 학습적 능력을 지닌 여성이다. 리베르타스는 초등학 교를 졸업한 뒤 스스로 공장에 취업하였다. 장남을 대학에 보내야 하는 부모의 참담한 마음을 영악한 어린 소녀는 너무 일찍 깨우친 것이다.

"아버지, 내가 드디어 돈을 벌었어요!"

성공 못하면 기적이다

첫 월급을 받아들고 리베르타스는 신작로를 달렸다. 그녀의 기억으로는 다리에 날개가 달렸다는 말이 실감 날 정도로 빠르게 뛰었다고 한다. 자신이 고사리 같은 손으로 벌어다준 돈을 받고 기뻐할 부모를 상상했던 리베르타스는 그렇게 일찍 세상과 맞짱을 까야 하는 소녀로 성장하고 있었다. 스스로 일하고 돈을 벌고, 공부하면서 리베르타스는 성장하여 치과 병원에 재료를 납품하는 업무에 종사했다. 하지만 정보가 공유되는 시대에 돌입하면서 병원들이 점점 더 재료상에 의존하지 않고 직접 구매하는 방식으로 유통망을 변화시켰다.

누구보다도 인생 경험이 풍부했던 그녀는 변화에 민감했다. 리베르타스는 과감히 변신하여 네트워크 마케팅에 뛰어들게 되었다. 물론 자의 반 타의 반이었다. 제품이 좋아서 사용하다가 사업으로 전개했으나 쉽지 않았다. 성격도 점점 변해가서 별명을 '싸움닭'이라고 할 만큼 까칠하고 냉소적이기도 했다.

그런 리베르타스를 눈물 많고 사랑 많은 본연의 자세로 되돌려준 것이 '성공 못하면 기적 시스템'에 들어있던 후마니타스. 이상적인 인간을 만드는 인문학적 교육이었다. 사람에 대한 철학을 습득하게 된 리베르타스에게 성공은 기적이 아니라 지극히 당연한 일이 되었다.

리베르타스는 평생 독신으로 지내며 연로한 어머님을 극진히 모시는 효심의 여신이었다. 또한 투철한 사람 중심의 사업 철학을 가슴에 새겨버린 사업가였다.

마치 영사기가 돌아가는 것처럼 소크라테스와 메타, 그리고 나의 앞에 그녀의 인생이 홀로그램으로 재생되었다. '2019년 7월 12일 일산 킨텍스' 자막이 표시되었다.

'성공 못하면 기적 시스템'에서 최고 성공자에게 보너스로 일시금 10억 원을 증정하는 행사였다. 한복을 곱게 차려입은 리베르타스가 단상에서 수줍은 소녀처럼 말을 꺼냈다.

"미스코리아 리베르타스의 결혼식에 와주셔서 감사합니다."

그녀는 킨텍스에서 벌어진 자신의 성공을 축하하는 화려한 행사를 '결혼식'이라고 표현하였다. 외톨이로 사업을 시작해서 오랜 기간 고군분투하였다는 리베르타스는 가족을 위해서 자신을 뛰어넘는 기적을 선보였다. 후마니타스 정신에 전도된 그녀는 성공 무대에서 전 군중을 압도하는 충격적인 발표를 하였다.

"10억 원을 전액 기부하겠습니다."

철학 없이 돈을 벌면
불행이 시작된다

리베르타스는 빛났다. 홀로그램으로 인한 빛이 아니라 여신의 전
체에서 강렬한 아우라가 발생했다. 리베르타스는 당당히 마이너의
삶을 살아가고 있는 모든 이들을 위해서 10억 원을 사용하겠다고
말했다.

탈북 아동들과 다문화 어린이들을 위해서 지정 기부를 하겠다는
리베르타스를 재회하자 나는 그때 그 순간처럼 몸에 전율이 일어났
다. 10억 원을 포기하는 일은 누구에게나 쉽지 않은 일이다. 그러나
리베르타스는 담담하게 다음 말을 이어 나갔다. 앞서 100억 원이란
거금을 일시에 사랑의 열매에 기부했던 메타를 응시하면서 기부에
있어 꿈의 경쟁자라고 소개했다. 메타도 눈시울이 붉어졌다.

소크라테스는 그런 메타의 모습을 보면서 격려를 잊지 않았다.

"메타의 시스템이 놀라워. 특히 놀라운 점은 지금도 그 시스템을 지속성 있게 업그레이드하고 있다는 것이야. 일반 사람들이 쉽게 성공에 입문할 수 있도록 계속 석세스맵success map을 창조하고 있다는 사실을 난 알고 있지."

'성공 못하면 기적 시스템'은 점점 더 일반 대중들을 위한 개방적 프로젝트를 추진해가고 있다. 누구나 쉽게 접근해서 인문 철학의 세계를 경험하고 자아를 발전시켜나갈 수 있도록 프로그램을 개발하고 확대하는 데 노력을 기울인다.

소크라테스는 예리한 지적도 망설이지 않았다.

"철학이란 거창하게 말하면 세계와 인간에 대한 가장 근본적 문제들을 이성적으로 탐구하는 학문이라고 포장되어 있으나 실상은 그냥 삶과 죽음에 대한 성찰이야."

나는 철학자가 아니었다. 고로 삶과 죽음에 대한 충분한 고민을 진지하게 해본 적이 없었다. 그냥 돈을 많이 벌면 당연히 행복해지는 것으로 생각했다. 내 삶이 장밋빛이 되는 일로 여겼다. 성공한 이들이 말하는 건 '부자가 되려면 부자가 되는 생각을 해라!'였는데 소크라테스와 메타는 그 이상을 요구하는 것만 같았다. '소위 생각을 하되 아무 생각이나 해선 안 된다.'는 주문으로 판단하였다.

"성공하기도 어려운데 인문 철학이라니요?"

"그래야 성공의 가치가 달라지니까."

진정한 성공을 위해서는 삶과 죽음에 대한 성찰이 반드시 요구된다. 그래서 인문학과 철학에 대한 사고를 끊임없이 반복해야 한

성공 못하면 기적이다

다. 인간의 망각은 방심하고 있을 때 찾아오고 이것은 자아를 분해하여 파멸로 이끈다.

윌리엄 스펜서는 평범한 노동자로 아내와 노모를 모시고 열심히 살았다. 그의 주급은 약 500달러 정도였다. 평범한 그의 가정에 핵폭탄급의 사건이 발생한 건 아내가 남편 윌리엄의 생일 선물로 구매했던 복권으로 인해서였다. 1,000만 달러의 당첨금이 생긴 것이다. 지금의 환율로 계산하면 약 120억 원에 달하였다. 벼락부자란 이럴 때 사용하는 단어로 그들 가족은 로열패밀리가 되었다. 윌리엄 스펜서는 직업을 그만두고 아내와 돈벼락을 즐겼다. 그러나 그들의 멋진 스위트 라이프는 불과 한 달을 가지 못했다. 누가 먼저 돈을 탕진하는지 내기라도 하는 듯이 부부는 각기 사치와 향락에 빠졌다.

"그것은 재앙이었어요."

노모는 회상하였다. 윌리엄 스펜서는 술집 아가씨와 바람이 났고 아내는 코디를 담당하기 위해 고용했던 남자와 가출했다. 이들 부부는 이혼한 후 3년을 넘기지 못하고 파산에 이르렀다. 미국의 전문기간에서 조사한 바에 의하면 복권으로 횡재하여 부자가 된 사람들의 57%가 오히려 불행한 사람으로 살고 있다는 통계가 있다. 그 나머지 43%가 정상적이거나 부유한 생활을 한다는 것이다.

그 차이는 바로 평소에 인문과 철학에 대해서 어느 정도의 소양과 기준을 지니고 있었는지로 결정된다.

일본에서 삼대째 이어오는 작은 초밥집의 주인 사토는 어느 날

100억 원 가까이 되는 거액을 당첨 받았다. 늘 단골로 방문했던 동갑의 손님이 잡지에서 본 그날의 운세가 좋다는 말을 듣고 장난 삼아서 구입한 복권이었다. 그는 가족에게도 내색하지 않고 반을 기부하였으며 나머지 반은 은행에 장기 예치하였다. 그리고 평상시와 다름없이 가게 문을 열고 영업을 계속했다. 사토 사장에게는 어떠한 일도 발생하지 않았다. 그의 정신은 외부의 어떤 변화에도 굴하지 않고 가업을 충실히 이행한다는 소신이 있기 때문이었다. 이러한 사람은 어떤 환경에서도 행복하다.

마이크로소프트 창업자인 대부호 빌 게이츠는 2000년 자신과 전 아내의 이름으로 설립한 재단 '빌앤드멀린다게이츠재단Bill & Melinda Gates Foundation'에 200억 달러약 26조 원를 추가로 기부하겠다고 밝혔다. 빌 게이츠는 성명을 통하여 "더 많이 기부함으로써, 사람들이 직면한 고통을 완화하고 세상 사람들이 건강하고 생산적인 삶을 살 수 있도록 돕겠다는 재단의 비전을 실현하는 데 도움이 되길 바란다."고 했다. 본래 젊은 시절의 빌 게이츠는 대학을 중퇴하고 사업에 뛰어들 정도로 근성과 야심이 큰 인물이었다. 경쟁업체들을 이기기 위한 승부욕으로 수단과 방법을 가리지 않는다고 해서 한때는 실리콘 밸리의 악마demon of silicon valley라는 별명을 들었을 정도였다. 냉정한 사업가에서 온유한 자선의 사업가로 변신한 원인이 어디에 있을까? 그것은 오로지 빌 게이츠의 남과 다른 습관 때문이다. 그는 매년 1~2회 외부와의 접촉을 단절하고 오롯이 독서와 사색에 잠기는 시간을 가진다. '생각 주간'을 정하여 자신의 인문 철

성공 못하면 기적이다

학에 집중하는 것이다. 소프트웨어의 제왕 빌 게이츠는 디지털 문명의 세계와 다른 인류의 철학에 자신의 사명이 있음을 깨달았다.

그런 의미에서 그는 선각자이다.

빌 게이츠는 자녀들에게는 본인 재산의 0.1% 미만을 물려준다는 선언으로 화제가 되기도 했다. 전쟁과 기후변화, 바이러스 등 지구를 위협하는 위험군으로부터 지구를 보호하기 위한 실질적인 노력을 추진하고 있다. 그는 자신이 소유한 재원을 사회에 환원할 의무가 있다고 주장하며 앞으로 전 재산을 재단에 기부하겠다는 의사를 표명했다. 실로 차원을 초월한 성공의 목표가 분명하지 않은가.

소크라테스가 말했다.

"이것이 인문과 철학의 힘이다. 인문은 사람을 만들고 철학은 사람을 행동하게 만든다."

나는 전적으로 동의하였다. 이 세상이 아름다운 이유는 성공자다운 성공자들이 적지 않다는 데 있다. 메타 역시 그러한 부류의 성공자 중 한 명이다. 소크라테스는 문득 한 사람을 거명했다.

"강철왕, 앤드류 카네기는 기부 문화의 역사를 만들었다고 해도 과언이 아니지."

내가 만났던 아바타 나폴레온 힐에게 성공 서적을 쓰게 만들었던 강철왕 카네기는 자신의 인생의 전반부를 부를 추구하고 획득하는 시기, 후반부를 소유한 부를 사회에 환원하는 시기로 살았다. 그것이 부자들의 올바르고 신성한 의무라고 강조한 것이다.

그런데 어째서 소크라테스가 카네기의 이름을 들먹였을까? 난 순간적으로 포착할 수 있었다. 소크라테스의 눈빛이 메타에게 향하고 있음을 발견한 것이다. 메타 역시도 공식 석상에서 돈을 버는 것도 중요하지만 제대로 사용하는 방법이 더 중요하다는 점을 누누이 강조해온 바가 있었다.

기부에 있어서 맹목적인 자선이 아닌 본인만의 확고한 철학이 존재한다는 것이 강철왕 카네기와 메타가 닮아있다는 점이다. 소크라테스가 이 부분을 간파한 것으로 짐작되었다. 그가 생전 카네기의 말을 인용해서 독백처럼 중얼거렸다.

"부자로 죽는 것은 부끄러운 일이다."

성공 못하면 기적이다

PART 7
인생의 균형을 잡는 지혜
Balanced Life

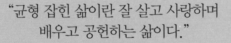

"균형 잡힌 삶이란 잘 살고 사랑하며
배우고 공헌하는 삶이다."

삶의 균형이
깨지는 순간

균형 잡힌 삶이란 사람답게 사는 방법이다. 균형이 깨지면 인생은
불편해진다. 돈의 흐름, 신체의 건강이 기울어지면 개인의 삶은 엉
망으로 변한다. 잘 살고, 사랑하며 배우고 공헌하는 삶을 살아야 한
다. 그렇다면 잘 사는 것은 무엇일까? 소크라테스는 철학자답게 짧
게 답했다.

"메멘토모리."

나는 진짜 깜짝 놀라고 말았다. 소크라테스에게서 이 주문이 발
설될 줄은 꿈에도 몰랐기 때문이었다. '죽음을 기억하라!' 과연 이것
은 그냥 의미 없이 전해져 내려온 주문은 아니었다. 고대의 심리적
인 철학 내용이 담겨있는 것이라는 생각이 들었다.

"잘 사는 것과 죽음을 기억하는 메멘토모리 주문의 연관관계는

　　　　　　　　　　성공 못하면 기적이다

쉽게 연상되지 않습니다."

아마도 일반인들에게 있어서 잘 산다는 것의 정의는 건강한 육체를 바탕으로 좋은 직업을 지니거나 사업을 통해서 경제적 능력을 확보하고 훌륭한 배우자를 만나서 가정을 이루는 일, 거기다가 착하고 건강하고 모범적인 학교생활을 하는 자녀를 양육하는 일이라고 할 수 있겠다. 그런데 왜 죽음을 기억하는 메멘토모리를 소크라테스는 잘 사는 것으로 단정했을까? 메타는 분석했다.

"그건 잘 사는 인생이 쉽지 않기 때문이지."

정답이었다. 돈 걱정 없이 살아가는 사람들이 얼마나 될까? 그 빌어먹을 돈 때문에 가정이 깨지고 형제간의 칼부림이 나고 때로는 부모와 자식이 죽고 죽이기도 한다. 국내에서도 이혼 사유의 상당수가 경제적 문제이며 돈이 없어서 일가족이 어린아이와 함께 귀중한 생명을 포기하기도 한다. 가난과 굶주림에 삶을 포기하는 사람들도 심심치 않게 뉴스에 보도되는 것이 현실인 것이다.

비단 우리나라만의 문제가 아니다. 유엔식량농업기구에 따르면 세계 기아 인구가 코로나 19와 기후변화, 전쟁 등으로 빠르게 증가하고 있다고 한다. 비참한 굶주림의 재난이 확대되고 있다는 것이다. 시민 사회는 경고와 대책 마련을 요구하고 있다. 가난에 대한 뉴스와 화제는 결코 멀리 있지 않다. 잘 사는 인생은 쉽지 않으며 그에 따라서 균형 잡힌 삶이란 더더욱 머나먼 부자들의 이야기일 뿐이다.

"죽음을 기억하고, 죽기를 각오해서 꼭 잘 살아야 한다는 뜻이지요? 메멘토모리는."

자신의 명성과 부를 경계하는 단순한 의도의 주문이 아니었다. 나의 질문에 소크라테스는 마치 아테네의 시민들에게 연설하는 것처럼 설파했다.

"잘 살고 사랑하며 배우고 공헌하는 균형 잡힌 삶은 메타가 훌륭히 세상에 전파하고 있다. 사람들에게 선량한 영향력을 행사하는 메타가 자랑스러워. 그러나 잘 사는 일에만 죽음의 기억이 필요한 것이 아니라 사랑에도 반드시 이별이 있고 배신이 있다는 걸 깨달아야 해. 그래서 때로는 설명하기 어려운 비극이 탄생하기도 하지 이를테면 로미오와 줄리엣처럼, 혹은 '사랑하기 때문에 헤어진다는' 대중적인 대사처럼 사랑도 그 뜻처럼 언제나 숭고한 것은 전혀 아니야. 죽을 만큼 괴롭고 죽고 싶을 때가 생기게 되는 거야."

나는 갑자기 오래도록 잊고 있었던 대사 하나가 기억났다.

"나는 네가 좋아하는 일이라면 뭐든지 해줄 수 있어."

〈공포의 외인구단〉이라는 제목의 만화가 1980년대 초에 만화방에 등장하여 엄청난 인기를 끌었다. 스포츠 야구 만화였으나 주인공 혜성과 엄지의 러브스토리가 기초적인 스토리텔링을 구성하고 있었다. 주인공 혜성은 오로지 엄지를 위해 그녀가 기뻐하는 일이라면 설사 죽음이라도 대신할 수 있는 로맨티시스트romanticist다.

이 이야기를 구상했던 만화스토리 작가는 훗날 나에게 이런 이야기를 들려줬다. 어느 날인가 공동묘지에 갔다가 수많은 묘지 중에서 한 군데 유난히 시선을 끈 망자亡者의 사진을 보게 되었다는

208

것이다. 고인의 영정 사진은 너무나 아름다운 소녀였다. 순결하고 눈부신 소녀의 영정 사진을 대하면서 그 작가는 마음이 울컥했다고 한다. 왜? 어째서 저토록 청순하고 매력적인 소녀가 묘지에 잠들게 되었는가?

〈공포의 외인구단〉 만화의 스토리는 이처럼 전혀 생소한 소녀의 안타까운 죽음으로 탄생한 것이다. 과연 그 소녀의 죽음에는 어떤 사연이 있었던 것일까? 나도 모르게 소크라테스의 말이 진리처럼 느껴지기 시작했다.

"사랑도 죽음과 완전히 무관하지 않군요."

대 철학자 소크라테스가 유쾌한 미소를 내게 지었다.

"리치, 이제 철학에 입문해도 되겠어."

깨달음은 멀리 있지도 않고 오래 걸리지도 않는다. 순간적으로 내 영혼 속으로 훅하고 들어올 수도 있다. 이 순간 소크라테스의 웃음에 걸린 미묘한 감정이 주체할 수 없이 밀려들었다.

'이게 뭐지?'

소크라테스의 동공에 압도당해서 마치 빨려 들어갈 것만 같았다. 나의 호흡이 불규칙적으로 가파르게 상승했다. 메타가 나에게 안정을 가져다줬다.

"리치, 안색이 좋지 않아."

나는 고백하지 않을 수가 없었다.

"메멘토모리의 의미가 이제야 제대로 전달된 것 같습니다."

그 순간에 고요했던 메시지창이 떠올랐다.

축하합니다. '나의 성공 시스템'의 인문 철학 필수 학점을 통과하였습니다. 현재 점수는 70점이며 계속 성취될 수 있습니다.

소크라테스가 갑자기 내게 손바닥을 내밀며 하이파이브를 요구했다. 얼떨결에 나의 손바닥을 마주치고 말았다. 감히 전설적인 철학자에게 말이다.

"입으로만 외우는 것은 절대 안 돼! 가슴으로, 정신으로 주문에 집중해야 거기에 진실의 가치가 존재해. 죽음을 기억하라는 메멘토모리는 생명이 있는 모든 것의 마지막 종말이며 새로운 시작이기도 하다네."

성공 못하면 기적이다

가난 속에서 평화를 찾은
마더 테레사

나는 처음 메멘토모리의 세계에 입문했을 때 그냥 느꼈던 감동과는 전혀 차원이 다른 감정에 휘감겼다. 소크라테스의 말이 이해되기 시작했다. 그 죽음의 기억 속에는 무수히 많은 내용과 의미와 진리가 숨어있는 것이다. 마치 어린 소녀의 영정 사진 안에 담겨있는 슬픈 미소가 〈공포의 외인구단〉이라는 대하 드라마를 간직하고 있었듯이.

균형 잡힌 삶의 영역에는 눈에 보이지 않는 인문 철학이 마치 공기 중의 산소처럼 매우 고요하게 흐른다. 나는 각성한 현자처럼 동요되지 않는 내면의 소리를 들었다. 균형 잡힌 삶을 위한 배움에도 이 진리는 적용된다. 배운다는 과정은 매우 지루하다고 단정할 수 있다. 따분하기로는 공부와 학습을 능가할 수 있는 분야가 별로 없다는 생각이다. 배운다는 것은 끈기와 노력을 요구하는 것이고 인내심을 저당 잡혀야 한다. 그러나 여기에는 반드시 즐거움이란 보상이 뒤따른다. 성취감의 만족도 매우 높다. 우리 말에 '배워서 남 주냐.' 하는 말이 있다. 그러나 정확히는 '배워서 남 준다.'가 맞다. 배움의 학습 결과는 나는 물론이고 이웃과 사회에 어떤 방법이든지 기여되도록 구상되어 있다는 게 정설이다. 평생 학습이라는 의미는 죽는 그때까지 배워야 한다는 말이다. 세상의 현자들은 그 말을 하나같이 주장했다.

특히 인문의 소양을 배우고 학습하는 이유는 '통찰의 정신'을 소유하기 위해서이다. 통찰이란 옳고 그름과 선과 악, 해야 할 일과 하지 말아야 할 일을 구분하고 분별하는 기준과 원칙을 스스로 깨달아 적용하는 것이다. 고려와 조선 시대에서는 이것을 포폄褒貶이라고 하며 포폄법을 기준으로 공직자의 근무태도·업적·재능·품행 등을 기록, 관리하고 평가해 승진과 좌천, 포상과 처벌에 반영하던 인사 행정제도가 존재했다. 그러나 무엇보다도 통찰의 철학에 중요한 점은 삶, 인생에 있다. 삶은 만남이고 만남을 통하여 사람을 배우고 사람을 성장시키며 그 과정에서 인문의 정신 후마니타스가 생생하게 꽃을 피운다.

통찰이 깊어질수록 사람은 겸손해진다. 깊이가 낮을수록, 무지함이 높을수록 사람은 교만해지는 법이다. 인문 철학이란 별세계의 학문이 아니다. 그것은 우리 주변의 일상에 어디에든지 흔하게 존재한다. 공헌하는 삶에도 그대로 적용된다. 성경의 말씀에 '오른

성공 못하면 기적이다

손이 하는 일을 왼손이 모르게 하라.'는 구절이 있다. 내용 없는 외식행위를 하지 말라는 참뜻은 모든 범사에 낮은 자세로 임하라는 교훈이 담겨있다. 생색을 내기 위한 도움은 어리석은 사람들이 벌리는 일종의 파티요 퍼포먼스다. 그건 좋은 결과로 이어지기가 어렵다.

사회 공헌은 진심에서 우러나와서 자발적으로 참여하는 것이 원칙이다. 메타는 공헌하는 삶을 몸소 실천하는 대표적인 경영자이다. 그는 자신의 봉급을 거의 100% 불우한 환경의 어린아이들을 지원하는 데 사용한다. 매월 50,000원의 후원을 1,000명의 어린 아동들에게 하고 있다. 가난한 나라의 아이들에게는 5만 원이라는 돈은 생명줄과도 같다고 한다. 실로 메타는 존경받아 마땅한 일을 조용히 실천하고 있다. 기업의 생리를 단순하게 이익 추구로만 생각하지 않고 있는 초월의 기업가라고 할 수 있다.

이런 공헌하는 삶으로 살아생전 이미 '성녀'로 추앙받던 마더 테레사 수녀가 있다. 종교와 이념, 민족, 피부색을 초월해 모든 이로부터 사랑과 존경을 받았던 마더 테레사 수녀는 각박한 세상에 '사랑의 기적을 이룬 가난한 삶'으로 주님의 충실한 일꾼을 자청했다. 스스로 수도복 대신 인도 전통의상인 사리를 입고, 인도 콜카타의 빈민가에서 일하면서 가난한 이들과 함께 살아갔다. 가장 버림받은 사람들, 정말 가난한 사람들에 대한 마더 테레사의 사랑은 1969년 영국의 유명 언론인 말콤 머거리지의 '하느님 앞에 아름다운 것something beautiful for god'이라는 제목의 다큐멘터리를 통해서 세상에 알려지게 되었다. 마더 테레사 수녀의 아름다운 박애와 선행은 가톨릭 신자뿐만 아니라 전 세계 각층의 사람들을 감동으로 물들게 하였다. 마더 테레사 수녀는 인도 정부가 수여하는 파드마 쉬리Padma Shri 훈장과 라몬 막사이사이상을 받았다. 1971년에는 요한 23세 평화상을, 그리고 1979년에는 대망의 노벨평화상 수상의 영예를 얻었다. 수녀는 유명인사가 되었으나 가난한 이웃들에 대한 나눔과 섬김의 삶, 자비의 삶은 변함없이 이어나갔다. 죽어가는 가난한 이들의 옆에서 무릎을 꿇고 기도하며 사랑의 마음으로 임종 직전까지 봉사했다.

"하느님이 계시기나 합니까? 어째서 가난하고 고통받는 사람들이 많은 겁니까?"

누군가의 불평에 대해서 마더 테레사 수녀는 이렇게 대답했다.

"우리가 나누지 않고 사랑을 실천하지 않기 때문입니다."

그가 또 물었다.

"그러면 가난을 어떻게 하면 해결하고 평화로운 세상을 만들 수 있습니까?"

마더 테레사 수녀는 사랑이 가득한 표정으로 답했다.

"당신을 포함해서 우리 모두 서로 조금씩 나누면 됩니다."

평생을 가난한 사람들을 위해 헌신했던 마더 테레사 수녀는 대한민국 사랑의 선교 수녀회 분원을 방문하여 봉사하는 수사와 수녀들에게 당부했다.

"가난은 우리가 기쁘게 선택해야 하며 그것은 바로 자유를 얻을

성공 못하면 기적이다

수 있는 지름길입니다."

성공과 가난은 완전 다르다. 그러나 사랑의 봉사자들은 가난을 기쁘게 선택하고 그것을 행할 때 자유를 얻는다고 마더 테레사 수녀는 말했다. 자유를 얻는다는 것은 성공을 의미한다.

"가난을 기쁘게 선택한다는 건 공헌하는 삶을 가고자 함이니 그 것이 자유와 평화를 안겨준다는 마더 테레사의 신앙이지."

메타의 해석을 소크라테스가 조용히 응수했다.

"마더 테레사 수녀는 최고의 사랑 철학자야."

나도 동감했다. 넘치도록 아름다운 사랑의 철학을 지니고 있지 않고서는 도저히 행동할 수 없는 숭고한 정신이 아니겠는가. 위대한 철학자 소크라테스조차 감동으로 가득 차 있었다.

누구나 성공적인 사랑을 꿈꾼다. 하지만 우리의 사랑은 성공보다 우선순위에 밀려 명멸하는 별빛처럼 사랑의 기분이 들 때만 잠깐 환하게 반짝인다. 그러나 진정한 사랑이 담긴 철학만은 영원하다. 나는 벼락을 맞은 것처럼 깨우쳤다. '나의 성공 시스템'에도 사랑에 대한 철학이 요구된다는 사실을.

인생 시나리오를
작성하라

균형 잡힌 삶을 살기 위해서 메타는 '성공 못하면 기적 시스템'에 '인생 시나리오' 작성을 도입했다. 자신의 인생을 위한 설계를 하는 것이다. 각기 목표를 설정하고 그 목표를 이루기 위한 구체적인 내용을 기술하도록 한다.

여기서 중요하게 사용해야 할 공식이 바로 WWWH이다. WWWH란 자신이 진정으로 원하는 게 무엇what이고 그날이 언제when인지 날짜와 기한을 정하고 왜why 그것을 원하는지, 얻기 위해 어떻게how 행동할지를 상세하게 적는 것이다. 따라서 그 중요성은 더 말할 필요가 없다.

"그러나 사람들 대부분이 이 과정을 소홀히 합니다."

메타의 증언이 아니더라도 실제로 나 역시 인생 시나리오를 용기 있게 써내려가지 못한 경험이 있었다. 가장 큰 이유는 얼마나 중요한 과정인지 체감하지 못했고 스스로에 대한 자신감이 부족했기 때문이다. 마치 알몸을 드러내는 것처럼 부끄러운 부분도 있었다. 소위 잘 살아오지 못한 성적표가 적나라하게 드러나는 것이 부담스러웠다.

하지만 메타는 온몸으로 강조하길 자신의 인생을 변화시키기 위해서는 선언이 필요하다고 했다. 그것이 자신의 손으로 작성하는 인생의 계획표이다. 인생 시나리오를 적고 발표하고 이루기 위해서 끊임없이 기록해야 한다는 것이다. 성공한 사람들의 절대다수가 자신의 인생 플랜을 어떤 식으로든지 작성했다. 버킷 리스트도 그중 하나이다.

님프 나이아데스는 한국인 최초로 세계적인 공연예술 단체 '태양의 서커스Cirque du Soleil' 단원이 됐다. 1984년 창설한 이래 26년간 한국인 단원은 단 한 명도 없었다. 그녀는 무대 위의 아티스트 77명에 포함되어 자랑스럽게 세계를 누비는 요정이 된 것이다.

국가대표 싱크로나이즈드 스위밍 선수 출신이었던 나이아데스는 황홀한 쇼를 연출하는 '태양의 서커스'에 입문하여 자신의 예술적 가치를 증명해 보고 싶었다. 전 세계 '엔터테인먼트의 수도'로 불리는 라스베이거스에서도 최고로 아름다운 쇼로 불리는 '태양의 서커스'의 일원이 되는 과정은 매우 어려웠다. 기본 과정을 거쳐서 훈련을 거듭하고 최종 시험에 통과해야만 정식 단원이 될 수 있었다. 그리고 단원이 된다고 해도 매년 기량을 테스트하고 계약을 연장하는 일을 반복해야 한다.

최고의 기술과 예술적 능력이 없이는 하루도 버텨낼 수 없는 태양의 서커스에서 나이아데스가 단원과 코치로 성장할 수 있었던 단 하나의 이유는 당당한 도전이었다. 그는 그 도전을 성공적으로 완성하기 위해 자신의 인생 시나리오를 작성했다. 생생하게 꿈꾸는 R=VD에 WWWH를 그렸다. 그래서 나이아데스는 마침내 자신의 꿈을 서커스처럼 희망으로 펼치게 된 것이다.

메타의 '성공 못하면 기적 시스템'을 통해서 최고의 지위에 오른 성공자들도 예외 없이 인생 시나리오를 작성했다. 그중에는 33년 간 재봉질만 했다는 그리스 로마 신화 속 베짜는 여인 아라크네 Arachne도 있었다. 처음에 그녀는 인생 시나리오가 뭔지도 몰랐다. 매일 좁은 공장의 구석에서 벽만 마주하고 재봉틀과 씨름하면서 세월을 보냈다. 하지만 꿈이 없는 것은 아니었다. 아라크네는 늘 넓고 푸른 세상으로 뛰쳐나가 세계를 여행하는 것이 유일한 소망이었다. 그리고 드디어 아라크네는 우연히 메타의 시스템을 안내받았다. 아라크네는 그때의 충격과 전율을 평생 잊지 못할 것이라 고백했다. 그길로 아라크네는 방구석을 벗어나 세계로 향하였다.

일개 재봉기술자 아라크네가 도전의 열망으로 행동할 수 있었던 것은 '성공 못하면 기적 시스템'이 바탕이 되었던 것이고 여기에는 인생 시나리오가 있었다. 아라크네의 인생 시나리오는 단순하게 시작하여 점자 세밀하게 변해갔으며 수정되었다. 좀 더 새로운

218

계획과 목표가 설정되었다.

이것은 먼저 소개했던 '성공 못하면 기적 시스템'의 성공 1호 미네르바도 마찬가지였다. 오리탕 집을 운영하던 그녀가 작성한 시나리오는 결코 원대하지 않았다. 그저 단순하게 돈을 벌어서 윤택하게 생활할 수 있었으면 좋겠다는 것이 전부였다.

미네르바나 아라크네가 최초로 작성한 인생 시나리오는 점차 성공의 레벨이 상승함에 따라서 달라졌다. 그것은 계속 업그레이드되며 진화하는 것이다. 메타의 유통망이 작은 거미줄로 시작되어 차츰차츰 범위가 거대해져 네트워크로 변화되어가는 이치와 같다.

우리는 꿈을 이루기 위해서 꿈을 꾸어야 한다고 말한다. 여기 우스개 유머가 한편 있다. 누구보다도 청빈하게 살아온 사람이 있었다. 그는 매일 선행을 쌓았고 교회를 청소하는 봉사를 하루도 거르지 않았다. 그 사람은 매일 하나님에게 기도를 올렸다.

"제가 1,000만 달러의 복권에 당첨되도록 해주소서. 그러면 교회에 반을 헌금하도록 하겠습니다."

지극정성으로 1,000일을 기도했으나 아무런 소용이 없었다. 약이 바싹 오른 그 남자는 급기야 하나님에게 분통을 터뜨렸다. 그러자 마침내 하나님께서 응답하셨다.

"복권을 사야 당첨을 시키든 말든 할 거 아니냐. 제발 복권 좀 사거라."

갑자기 소크라테스가 배를 잡고 웃어댔다. 대 철학자가 이렇게

배꼽을 부여잡고 웃어도 되는 건가? 한바탕 유쾌하게 대소를 터뜨린 소크라테스는 이렇게 말했다.

"행동하지 않는 철학은 철학이 아니다. 고로 성공의 꿈을 꾸지 않은 자에게 성공은 가당하지 않다."

틀림없는 정석이다. 우리는 성공에 대한 꿈을 꾸고 행동해야 한다. 인생 시나리오를 작성하고 행동해야만 하는 것이다. 성공 서적들의 대다수는 자신의 생생한 성공의 꿈을 글이나 그림, 사진으로 표현하라고 주장한다. 주변 사람들에게 발표하고 매일 확인할 수 있도록 현관이나 신발장 냉장고 등에 붙이라고 권장하는 데는 이유가 있다. 그것이 자신에 대한 암시이고 자극이다. 우주의 기운을 자꾸만 내게로 끌어당기려는 노력이 필요하다.

석학들은 이구동성으로 말한다.

"아무것도 하지 않으면 아무런 일도 일어나지 않는다."

"어제와 같은 방법으로 오늘을 살면서 내 삶이 변하기를 기대한다면 그건 미친 짓이다."

"너는 머뭇거릴 수 있지만, 시간은 그렇지 않다."

성공 못하면 기적이다

행동하지 않는 철학은
철학이 아니다

소크라테스가 '행동하지 않는 철학은 철학이 아니다.'고 선언한 것은 '행동하지 않는 성공은 성공이 아니다.'라는 말과 같다. 명확한 행동은 우리의 일상이 되어야 한다. 일상사처럼 끊임없이 반복되어 익숙해지도록 만들지 않으면 안 된다. 입으로만 목표를 떠들고 가슴과 머리만 뜨거워서는 소용없다. 부단히 행동해야 한다. 실천하고 또 행동해서 나의 부적절한 습관이 좋은 행동의 습관으로 개선되어진다면 성공할 수 있다.

무엇을 원하든지 간에, 그 목표를 향해서 합리적인 행동을 실천하게 된다면 반드시 그것을 성취할 수 있다고 믿으라. 그러나 바라는 것과 실제로 얻게 된다고 믿는 것과는 간격이 있기 마련이다. 때로는 이것을 인정하고 수긍하지만 절대 포기는 하지 않는다. 나는 어린 시절 머리를 깎기 위해 이발소에 가면 이발소 의자 위에 널빤지를 대고 앉아 이발하곤 했는데 앞의 거울 위에 오래된 그림에는 다음과 같은 글귀가 새겨져 있었다. 어째서 유년의 기억이 이리도 생생한 것인지!

"성공을 향해 유유히 걷는 사람에게 지루함이란 없다."

성공의 믿음이 있는 행동가는 불가능을 인정하지 않는다. 일시적인 패배나 실패 역시 도전의 과정이고 성공의 저항으로 생각한다. 그들은 자신이 반드시 성공할 것임을 알고 있으며, 비록 계획이 실패한다고 해도 이내 또 다른 계획을 세우고 행동한다. 세상의 모든 괄목할 만한 성공은 그냥 단숨에 이뤄지는 경우가 드물다. 한 번쯤은 아니 어쩌면 그보다도 훨씬 많게 반드시 치명적인, 그러나 일시적인 장애를 만나게 된다. 이 구간에서 포기하는 사람은 애초에 성공의 자질이 없는 사람이다.

에디슨은 자신이 발명한 전구를 성공시키기까지 무려 1만 번 이상의 실험과 실패를 거듭했다고 한다. 에디슨은 성공철학의 완벽한 행동가였다. 그는 대중들에게 생생한 증언을 했다.

"포기는 대개 성공을 눈앞에 두고 발생한다."

"내가 성공할 수 있었던 이유가 있다면 그건 수많은 실패를 경험했기 때문이다."

성공 못하면 기적이다

문화와 감성을 판매한다는 커피점 '스타벅스'는 젊은이들이 선호하는 브랜드 커피점의 대명사이다. 이 특별한 커피 문화를 창조하기 위해서 창업자 하워드 슐츠는 계획서를 들고 투자할 사람들을 찾아다녔으나 환영받지 못했다. 그러나 그는 자신의 계획을 믿었고 멈추지 않았다. 끝내 그는 218번째 만났던 인사로부터 투자를 유치하기에 이르렀다. 스타벅스의 신화는 그렇게 시작되었다.

KFC의 커넬 할랜드 샌더스를 능가하는 간절함과 용기는 쉽게 찾아보기가 어렵다. 65세의 노인_{그때 나이로는}이었던 그는 낡은 트럭을 개조하여 미국 전역을 돌아다니며 자신의 비법인 치킨을 맛있게 튀기는 기술을 팔기로 작정한다. 침식을 트럭에서 해결하며 주유소에서 몸을 씻고 영업점을 돌아다녔으나 그에게 돌아온 것은 거절뿐이었다. 노인인 샌더스의 닭 튀기는 요리비법은 무시당하기가 일쑤였다. 무려 1,008번이나 외면당했으나 샌더스는 물러나지 않았고 기어코 1,009번째 방문한 레스토랑에서 68세의 나이에 KFC 1호점을 계약하기에 이르렀다.

믿음을 지니고 행동하는 사람은 쉽게 포기하거나 좌절하지 않는다. 그들에게는 확신과 신념이 있다. 그들은 생생하게 꿈꾸면 이루어진다는 R=VD로 무장되어 있으며 PMA, 즉 긍정의 올바른 마음가짐이 있다. 그리고 조직의 힘 마스터 마인드를 활용한다. 그들은 실패를 도전의 과정으로 여길 뿐 실패라고 생각지 않는다. 따라서 포기하지 않는 한 실패란 없다. 단지 도전의 연장선일 뿐이다.

그러므로 우리 마음에 반드시 새겨야 할 단어는 간절함이다. 간절한 끈기와 간절한 열정은 우리에게 성공의 행운을 가져다 준다. 그것은 균형 잡힌 삶을 우리에게 가져다줄 가장 중요한 마스터키라고 할 수 있다.

"열쇠는 너에게 있다. 그 키는 바로 마스터키야. 만능열쇠지."

소크라테스는 날 정면으로 응시하며 마치 성공의 열쇠를 건네주는 것처럼 손을 뻗었다. 그의 손바닥이 내 머리 위로 얹어졌다. 나는 대 철학자 소크라테스의 행동에 당황스러웠다. 바로 곁에 있던 메타가 싱긋 웃었다.

"긴장하지 말게 리치, 자네에게 성공철학이 무엇인지를 심어주고 있는 것이니까."

이게 무슨 소리인가? 내게 성공철학을 심어주기 위한 행동이라고? 마치 무협 소설에서나 등장하는 것처럼 소크라테스의 내공을 지금 내게 주입시키고 있단 말인가? 갑자기 부드럽고 온유한 기운이 나의 머릿속을 헤집고 들어오는 기분이 들었다. 마치 한여름 더위를 피해 느티나무 아래로 몸을 숨길 때 들었던 시원하고 상쾌한 산들바람이 머릿속에서 불어오는 느낌이었다. 정신이 맑아지며 눈빛이 빛나기 시작했다.

생전 처음으로 느끼는 이상한 경험이었다. 유아 시절부터 읽었던 그림책과 동화, 하물며 초등학교의 교과서와 위인전, 그 후에 읽었던 김소월의 시집과 윤동주, 이상, 라이너 마리아 릴케, 샤를 보들레르의 시와 젊은 베르테르의 슬픔, 바람과 함께 사라지다. 데미안, 부활 등 수많은 독서 작품이 맴돌았다. 그리고 잠시 후에 설명하기 어려운 환희가 머리끝에서 가슴으로 관통하는 감동에 빠져들게 되었다.

"맙소사!"

균형 잡힌 삶의 철학이 생생하게 떠올랐다. 경이로운 통찰력의 세계가 나에게로 고스란히 들어왔다. 멘탈버스의 세계는 불가능이 존재하지 않는, 그 모든 일을 가능하게 하는 기적의 공간이었다. 이제 나는 어떻게 변하게 되는가?

젊음과 시간을
낭비한 죄

이름 : 리치 RICH

나이 : 28세

운을 부르는 능력 : 전체 레벨 등급 F에서 B+로 상승

성공지수 : 초기 입문 시 20% 현재 99%

종합평가 : '나의 성공 시스템'을 성공적으로 추진

특별평가 : 메타를 통한 소크라테스 만남이 극적 효과

희망적인 메시지창을 확인하였으나 나는 비교적 담담했다. 다른 때 같았다면 아마 환호성을 지르고 기뻐했을 테지만 지금은 사물을 관통하는 통찰의 철학이 나를 지배하고 있지 않은가. 그것은

성공 못하면 기적이다

나를 차원이 다른 경지에 입문시켰고 보이지 않는 자제력이 내게 작동했다.

"난 그동안 내 인생을 너무 낭비하고 살았군요."

시간을 낭비하고 살아온 나에 대한 반성이 제일 먼저 떠올랐다.

소설에 이어서 영화가 되어 세계인의 주목을 받은 '빠삐용'이란 탈옥수의 이야기는 '인생을 낭비한 죄, 시간을 헛되이 보낸 말로'를 극명하게 보여준다. 빠삐용의 실존 인물은 프랑스 청년으로 앙리 샤리에르라는 이름을 지니고 있다. 나비 문신을 새겼다는 것 때문에 '빠삐용'이라고 불린 앙리는 길거리의 포주를 살해했다는 누명을 쓰고 무기 징역형에 처해진다. 앙리 빠삐용은 억울했다. 거리를 배회하며 살아가던 건달이었으나 사람을 죽인 적이 없는 무죄였기 때문이다.

꿈도 목표도 없이 방탕하게 살아가던 빠삐용은 죽어서야 나올 수 있다는 프랑스령 기아나Guiana의 도시 코우로우Kourou 북쪽 해안에 자리하고 있는 일명 악마의 섬에 감금된다. 그러나 빠삐용은 13년에 걸쳐 여덟 번의 탈옥을 감행한다. 그때마다 다시 붙잡혀서 빛도 없는 상자 같은 독방에서 2년과 5년씩 두 차례나 지옥을 경험했다. 부모와 사회의 기대를 저버리고 행동했던 빠삐용은 독방에서 사경을 헤매다가 재판정의 환각을 보게 된다. 재판장인 판사는 유죄판결을 내린다.

"아니야! 난 죽이지 않았어! 포주를 죽이지 않았어. 난 범인이 아니야. 난 억울해!"

빠삐용은 온몸으로 자신의 결백을 주장한다. 그러나 판사의 준엄한 죄목이 마치 천둥 벽력처럼 앙리 빠삐용을 질타한다.

"인생을 낭비한 죄!"

아아, 그랬구나. 앙리 빠삐용은 자신의 죄를 순순히 시인하지 않을 수가 없었다. 젊고 아름다운 청춘을 거리에서 탕진한 자신의 모습을 기억해낸 것이다. 감옥에서 청년 앙리는 깨닫게 되었다. 사람을 살해한 죄가 아닌 자신의 인생을 헛되이 보낸 그 많은 시간들의 보복임을. 결국에 앙리 빠삐용은 탈옥에 성공하고 베네수엘라에 정착하여 자전적 소설 〈빠삐용〉을 출간하기에 이른다.

시간을 낭비한 죄는 비단 물욕에 사로잡혀 살아가고 있는 자나 게으른 자에게만 적용되는 게 아니다. 정신없이 바쁜 인생도 시간의 파도에 휘말려 떠내려가기는 다름이 없다. 그냥 소모한다. 무의식 속에서 하루하루 멋대로 시간을 쓰기는 별반 다르지 않다. 목적이 없는 배는 표류하기 마련이다. 배가 항해하기 위해서는 분명한 목적지가 있어야 하며 풍향이나 조류, 날씨의 행방을 수시로 관찰해야 한다. 거대한 바다 위를 항해하는 인생의 과정도 마찬가지다. 생명의 시작에서 마지막 종착지로 무사하게 안착하기 위해서는 수시로 점검을 하지 않으면 위기에 직면할 수도 있다. 오늘의 좌표를 정확히 인식하고 지나온 궤적을 생각하며 앞으로의 항로를 바로 잡아야 한다.

소크라테스가 시간에 대한 철학을 피력했다.

성공 못하면 기적이다

"시간은 누구에게나 공평하다. 사실 이처럼 정직하고 공정한 균형은 좀처럼 발견하기 쉽지 않다. 지나간 시간에 대한 후회와 아쉬움은 돌이킬 수 없는 숙명이다."

이제는 그만 우리의 인생을 소모하거나 낭비하지 말아야 한다. 바로 지금 이런 순간에도 초침은 돌아가고 있다. 누구나 할 수만 있다면 시간을 되돌리고 싶은 순간이 있지만 그건 불가능하다. 과거를 되돌릴 수는 없다.

"잊었나? 여긴 멘탈버스의 공간이야. 뭐든 가능하지."

소크라테스의 목소리가 나의 고막을 자극했다. 불가능한 게 없는 공간이라고? 아, 잠시 또 잊고 있었군. 여긴 가상세계 멘탈버스였지.

자, 그럼 과거로 돌아가보자. 내가 어떻게 살아왔길래 성공한 삶과는 정반대의 길목에서 서성거리고 있었는지. 꿈이 없었던 건가? 목표가 정확하지 않았나? 내 습관이 가난하게 살 수밖에 없는 한계에 머무르고 있었던 건 아닐까? 생생하게 꿈꾸면 이루어진다는 R=VD를 하지 않았나? 올바른 긍정의 마음가짐 PMA가 부족했나? 어떤 중요하지 않은 일에 많은 시간을 낭비하고 있었던 것인지 돌이키고 싶었다. 메타가 측은한 눈길로 나를 격려했다.

"리치, 소홀했던 지난 시간을 되돌릴 수 있는 것은 여기가 가상세계이기에 가능하다는 것쯤은 알고 있지?"

내가 고개를 끄덕이는 순간에 공간의 환경이 흑백의 필름 세계처럼 새롭게 펼쳐졌다. 과거의 기억 속에 어린 나의 분신 리치 아바타가 등장했다. 유치원에서 짝꿍을 괴롭히는 유아 시절의 나는 그래도 유치한 행동이지만 귀여웠다. 초등학교 시절에는 늦은 저녁까지 친구들과 어울려 뛰어놀았다. 저녁밥을 먹으라는 어머니의 목소리는 지금도 그립기만 하다. 중고교 학창 시절은 학습에 대한 평가로 시험제도에 적응하느라 독서실과 학원, 도서관을 전전한 기억이 드러났다. 이성에 대한 고민으로 친구를 붙들고 하소연하던 시절도 있었다. 그리고 대학교 생활은 문란했고 엉망이었다. 자유 아닌 자유를 획득했다는 기분으로 친구들과 클럽에 가고 여자들을 만나고 술과 도박도 했다.

러시아의 대문호 톨스토이도 자신의 인생을 낭비한 과거에 대해서 공포와 혐오와 아픔을 느끼지 않고는 회상할 수 없다고 고백했다. 노름으로 큰돈을 탕진한 적도 있고 거짓말을 했으며 간음도 서슴지 않았다. 거짓말과 기만, 폭행, 만취, 절도와 전쟁터의 살인 등 남다른 행각을 자행했다. 톨스토이가 저지르지 않았던 죄악은 거의 없다시피 하였다.

나는 얼굴이 붉게 상기되었다. 졸업하고 결혼 후에도 나의 습관은 크게 개선되지 않았다. 문학을 한답시고 게으르고 분별없는 행동을 거듭했다. 다른 여자와의 불륜 장면도 목격되어 몹시 당황스러웠다. 과거 내가 허비하고 탕진했던 시간에 대해서 부끄러움과 회한의 눈물을 머금었다. 참회해야 한다. 톨스토이도 '참회록'을 통하여 철저하게 자신을 반성했다. 우리 모두 지난 시간을 낭비한 것

230

에 대하여. 부끄러움에 대하여.

"누구도 인생을 낭비하지 않고 살아온 사람은 없다. 문제는 깨달은 후의 인생이지!"

그래서 인생 시나리오를 작성해야 한다. 톨스토이는 이렇게 강조했다.

"인생의 길에서 우리에게 기쁨을 주는 것은 진리 그 자체가 아니라 진리에 도달하기 위해 우리가 기울이는 노력이다, 즉 변화해가는 과정이 중요하다."

바로 그러기 위해서 인문 철학이 중요하다. 진리를 깨닫기 위해서 변화한다는 것은 성장한다는 것이고 여기에서의 성장은 시간의 흐름을 이해하고 수용하고 인정한다는 의미이다. 균형 잡힌 삶은 인생의 본질이 되는 철학이다.

우리는 인생 시나리오를 통해서 잘 살고자 하는 이유와 사랑하는 마음, 배워야 하는 과정과 공헌하는 자세를 습득한다. 이것은 반대로 말하면 잘못 살아온 날에 대한 철저한 반성의 시간이 되며 성장의 기회가 된다. 반드시 자신의 인생 시나리오를 쓰라. 이제 더 이상 자신의 인생을 낭비하지 않도록, 보다 더 높이 성장할 수 있도록 자신의 미래를 시각화하고 기록하라.

PART 8
나의 성공 시스템
The Principles

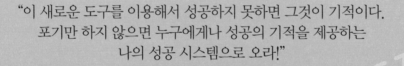

"이 새로운 도구를 이용해서 성공하지 못하면 그것이 기적이다.
포기만 하지 않으면 누구에게나 성공의 기적을 제공하는
나의 성공 시스템으로 오라!"

단계 1

사람다운 사람이
되어야 한다

과거의 전경이 눈앞에서 사라지며 본래의 멘탈버스 공간으로 돌아왔다.

소크라테스와 메타는 남아있지 않았다. 홀로 낯선 공간에 남게 되었으나 처음 접속할 때와는 다르게 불안하지 않았다. 이미 내 마음 속에는 자신에 대한 믿음과 용기가 자리 잡고 있었다.

소크라테스와의 만남은 짧았지만 인간의 삶에 대한 근본 원리 즉 인간의 본질, 세계관 등을 탐구하는 자세가 생겨났다.

나는 '나의 성공 시스템'을 배우는 과정에서 가장 중요한 원칙이 존재한다는 것을 깨달았다. 나는 즉각 메시지창을 띄워 그것을 글로 적었다.

나의 성공 시스템 단계 1

사람다운 사람이 되어야 한다

"인문 철학의 기본 소양이 요구된다. 기초는 이미 유치원에서 모두 배웠다."

사람을 만드는 학문, 즉 후마니타스는 라틴어로 '이상적인 인간'을 뜻하는 단어이다. 타인을 배려하고 이해하는 정신, 품위와 인격을 유지하고 살아가는 자세, 그리고 더불어 살아가는 삶을 위한 공동체 의식이 포함되어 있다. 사람은 본래 완벽하게 완성되어 태어난 존재가 아니다. 끊임없이 배워 인격이 형성되고 자아가 성장하게 되는 것이다. 사람다운 사람이 되기 위해서는 '후마니타스의 입문'이 꼭 필요하다.

그 최초의 행동은 이미 유치원에서 배웠다고 해도 잘못된 표현은 아니다. 한때 목사로 봉직한 에세이스트 로버트 풀검은 유치원 입학식에 연사로 참여하여 '내가 유치원에서 배운 것'이라는 단순하나 삶의 기본 질서에 해당이 되는 사실에 대한 연설을 했다. 그의 연설은 거기 모인 학부모들의 열렬한 호응과 공감을 얻었고 이내 미국 전역으로 퍼져 나갔다. 그것은 아주 원칙적인 삶의 지혜에 해당하는 작은 진리였다.

1) 친구를 괴롭히지 마라. 싸우지 마라.

2) 남의 물건에 탐을 내거나 손을 대면 안 된다.

3) 밤늦게 돌아다니지 말고 일찍 귀가해라.

4) 식사 에티켓을 지켜야 한다.

5) 항상 차 조심해라.

6) 이웃에게 인사해라.

7) 자신이 어지럽힌 것은 자신이 치우라.

8) 욕을 하면 나쁜 사람이다.

9) 거짓말은 절대 하지 마라.

10) 일찍 자고 일찍 일어나라.

이 외에도 '음식을 먹을 때는 꼭꼭 씹어라.' '심한 장난을 하면 안된다.' '저축하는 습관을 가져라.' 등등 사소한 예절이지만 결국 우리는 성장해 가면서 유치원에서 이미 배운 것들을 다시 복습하고 예습하며 좀 더 세련되고 격조 있는 것처럼 다양하고 복잡한 과정으로 사용할 뿐이다.

사회규범, 도덕심, 정치, 범죄, 시민개혁, 신앙, 설교, 사회정의 등 훨씬 복잡한 강령으로 삶은 우리가 배운 것들을 제대로 인식하고 실천하는지 끊임없이 확인한다. 어느 순간 나의 삶이 고되고 힘겹게 느껴질 때 유치원에서 배운 단조롭고 쉬운 언어의 질서를 봉인된 기억으로부터 꺼내보아라. 거기에 경이롭고 순수한 인문 철학이 우리를 기다리고 있을 것이다.

그렇기에 우리는 누구나 성공할 수 있는 자질과 인성을 이미 학습하여 소유하고 있다. 유치원만 졸업했다면 성공이란 어려운 것

성공 못하면 기적이다

이 아니다. 설사 무학력자라고 해도 성공과는 무관하다. 학력이 문제가 아니라 사람다운 사람이라는 원론적인 인성만 제대로 형성되어 있으면 누구나 성공할 수 있다.

나는 자신만만하게 '나의 성공 시스템'을 통한다면 누구나 성공할 수 있다고 강조한다. 사람이 되는 기본 환경을 유치원에서 배운 것처럼 성공을 위한 방법은 이 책의 첫 장에서부터 시작되어 있다. 사람들이 누구나 성공하지 못하는 이유는 성공할 수 있는 방법을 모르는 것이 아니라 성공하려는 의지를 갖지 못하고 생각을 하지 않기 때문이다.

'부자가 되려면 부자가 되는 생각을 해라!'

다시 말하면 이렇게 소리높여 외쳐야 한다.

'성공하고 싶으면 성공하려고 하는 생각을 해라!'

데일 카네기는 일상을 초월하고 차원을 달리하는 소통을 강조했다. 사람과의 관계가 첫째로 가장 중요하기 때문이다. 나를 인내하고 타인의 입장에서 배려하고 이해하는 역지사지의 정신으로 무장되어 있다면 OK다. 만일 당신에게 이것이 부족하다면 유치원의 단조로운 질서와 진리를 다시 자신에게 되새기면 된다. 할 수 있다. 유치원 원아들이 할 수 있는 일이기에 당신도 충분히 반복적인 훈련을 통해서 가능해질 수 있다. 유치원 수준의 인문 철학이라고 말하지 않았던가. 그 내용을 반복하면서 익숙하게 습관화한다면 '나의 성공 시스템'의 1단계 통과다.

차원이 다른 꿈과
목표를 설정하라

나의 성공 시스템 단계 2

차원이 다른 꿈과 목표를 설정하라

"평범하고 단조로운 일상에서 벗어나 차별화되고 창의적인 상상력을
발휘하라."

2단계는 차원이 다른 목표를 정하고 꿈을 꾸는 일이다.

꿈과 목표는 다르므로 각기 명확히 설정해야만 된다. 예를 들어
서 꿈은 시공을 초월하기도 하지만 목표는 현실적 지배를 받으며
반드시 달성해내야 하는 일이다.

메타는 차원이 다른 목표를 정하라는 요구를 했다. 당신의 목표를 분명히 해라. 기왕이면 평범한 목표를 능가하라는 의미이기 때문에 꿈에 근접한 목표를 정하는 것을 응원한다.

목표는 단계를 지니고 있으며 원한다면 수정할 수 있다는 사실 또한 명심하라.

나의 인생 시나리오를
구성하라

나의 성공 시스템 단계 3

나의 인생 시나리오를 구성하라

"생생하게 꿈꾸면 이루어진다는 R=VD는 균형 잡힌 삶을 요구하는 인

생 시나리오다. 꿈의 시각화와 구체화를 실현하라."

　　다음 3단계는 자기 암시의 공식 R=VD를 바탕으로 인생 시나리

오를 시각화하여 그 내용을 구체적으로 작성하는 것이다. 꿈의 시

각화가 이루어지면 마음속의 그림은 진짜 현실이 되어 등장한다고

한다. 이 놀라운 원리는 위대한 성공자들이라면 거의 전부가 실천

하고 있는 마법 같은 비법이라고 전해진다. 유명 연예인이나 탁월

한 재능의 운동선수, 예술가와 정치인, 기업인들 상당수가 생생한 꿈을 꾸며 자신의 미래를 개척해나갔다.

'성공 못하면 기적 시스템'에서 메타가 설정한 인생 시나리오 작성 프로그램은 크게 8가지 형태의 항목으로 구성하게 되어있다.

1) 주택현재 거주하고 있는 집과 미래에 꿈꾸는 저택

2) 현금이나 저금보유하고 싶은 금액

3) 승용차현재 운행 중인 차와 앞으로 타고 싶은 차

4) 건강자신의 몸 상태를 유지하기 위한 헬스나 운동 등

5) 가족가족들과의 평안과 화목을 위한 프로젝트

6) 여행국내 외 힐링과 여가를 위한 여행

7) 교육나를 비롯한 자녀들의 다양한 학습 개발

8) 봉사와 기부사회 활동 적극적 참여, 봉사와 기부금

잘 살기 위해서는 1, 2, 3항, 사랑에 해당하는 4, 5항, 배우는 자세는 6, 7항, 그리고 공헌하는 삶은 8항이라고 분리할 수 있다. 그러나 생생하게 꿈꾸면 이루어지는 R=VD의 인생 시나리오는 각 항목이 별도가 아니라 유기적으로 조화를 이루는 것이므로 이것이 바로 누구나 꿈꾸는 균형 잡힌 삶이라는 것이다.

끝없이 배우는 과정을 통해서 잘 살고 사랑하게 되며 또한 사회에 공헌하는 자세를 지니게 된다.

성공의 고전 공식을
응용하라

나의 성공 시스템 단계 4

성공의 고전 공식을 응용하라

"WWWH & PMA는 성공 행동을 위한 기본 요소이다."

성공을 위한 인생 시나리오를 작성하는 데 있어서 필수적으로 정리되어야 할 내용이 4단계이다. 내가 원하는 목표가 지향하는 지점이 무엇what인지 명확해야 한다. 그리고 그것을 언제when 얻고자 하는 것인지, 그리고 무엇보다도 중요한 것은 왜why 그 날짜에 그 목표를 원하고 타켓팅 했는지도 명확히 해야 한다. 끝으로 앞의 WWW를 완수하기 위해서 어떻게how 행동해야 할 것인가도 있다.

행동과 태도가 이 모든 공식의 꽃이다. 그것이 없다면 꿈과 목표는 물거품이고 단순한 치기일 뿐이다.

행동하지 않는 양심은 양심이 아니고 행동하지 않는 철학은 철학이 아니다. 성공 역시 행동하지 않으면 공허한 말장난에 불과하다. 어떻게 행동해야 하는지 모른다면 절대 내가 원하는 것을 가질 수가 없다.

WWW는 세 개인데 H는 하나이다. H가 하나인 이유를 생각하라. 그 하나의 H가 세 개의 WWW를 능가해야만 하는 원인이 분명 존재한다. 어떻게 할 것인가? 나의 꿈과 목표, 생생하게 꿈꾸면 이루어지는 R=VD를, 균형 잡힌 인생 시나리오를 도대체 어떻게 할 것인가? 답은 하나이다.

"반드시 행동해야 한다!"

그 행동에 가장 어울리는 조합이 긍정적인 올바른 마음가짐 PMA다. 긍정적positive 마음mental 자세attitude를 지니고 행동하면 어떤 실패도 두려워할 필요가 없다. 그것은 실패가 아니고 경험이다. 성공을 향한 계단일 뿐이다.

집단지성을 발휘할
그룹을 찾아라

집단지성을 발휘할 그룹을 찾아라

"조직의 융합과 조화는 성공의 가장 쉬운 길."

    5단계는 협력이고 융합이며 조화다. 집단지성이 발휘되어 나의 성공을 돕는 것이다. 메타의 시스템에서는 이 과정을 제심합력齊心合力이라고 표현했다. 강철왕 카네기는 물론이고 나름 위대한 성공 업적을 이룩한 사람들은 하나 같이 이 부분에 이의를 제기하지 않는다. 혼자서 단독으로 성공을 하는 사람은 거의 없다. 작은 성공은 가능하지만 원대한 꿈의 대성공에는 반드시 조력자가 필요한 법이다. 나폴레온 힐이 카네기와 처음 조우遭遇하여 성공 요인을 질문했을 때 강철왕 앤드류 카네기는 1초도 망설이지 않고 마스터 마인드 그룹이라고 선언했다. 그건 두 명 이상의 집단지성이 융합하여 창의적으로 그들에게 주어진 과제나 임무를 수행할 때 달성하는 발전된 마음의 상태라고 할 수 있다.

자동차의 시대를 열었던 헨리 포드는 가난하고 배우지 못했으나 그에게는 유명한 발명가 토머스 에디슨이 있었다. 그리고 토머스 에디슨에게는 에드윈 반스라는 공동 사업자가 존재했다. 반스는 본래 무일푼의 백수였으나 그의 꿈은 토머스 에디슨의 파트너가 되어 공동사업을 하겠다는 오직 하나의 일념이었다. 이 목표는 도저히 가당치 않은 공상에 가까웠다. 당시 에디슨은 반스가 누구인지도 몰랐다. 소개를 받은 것도 아니고 친분이 있지도 않았다. 그가 알고 있는 것은 토머스 에디슨의 명성뿐이었다. 문제는 이뿐만이 아니었다. 에드윈 반스는 토머스 에디슨을 만나기 위해 기차를 타고 가야 하는데 그 비용조차도 없는 가난뱅이였다. 하지만 반스의 집요한 열망은 기차를 몰래 훔쳐타고 에디슨에게로 무작정 향하도록 했다.

그 결과는 어떻게 되었을까? 토머스 에디슨은 자신의 목표를 위해서는 집요하고 맹목적인 열정 덩어리 에드윈 반스를 소위 '미친 놈'으로 인식하기에 이르렀다. 미치면 미친다!라는 불광불급不狂不及이라는 용어가 있다. 세상을 바꾸는 사람은 거의 다 미친 사람들이다. 광기狂氣에 사로잡힌 사람들은 미친 사람을 알아본다. 토머스 에디슨에게도 광기가 있었다. 그렇지 않고서야 2천여 건이 넘는 발명과 1천여 건에 이르는 특허를 만들어낼 수 있었겠는가. 그들은 미쳤고 이 미친 초월자들이 세상을 변화시킨다. 에드윈 반스의 간절한 열정과 더 간절한 끈기를 알아보고 토머스 에디슨은 마스터 마인드 그룹을 구성하였다. 그들은 성공할 수밖에 없는 조합이었다.

에드윈 반스는 일본을 통일했던 도요토미 히데요시와 약간 유사한 전력이 있다. 서민 출신으로 일본 최고의 지위에 오른 히데요시는 당시 일본에서 막강한 영향력을 과시하던 영주 오다 노부나가의 하인으로 시작했다. 기록에 의하면 히데요시는 주군 오다 노부나가를 섬기는 일에 혼신을 바쳤다고 한다. 추운 겨울 노부나가의 신발을 품 안에 끌어안고 따스하게 만들었다거나 화장실을 유리처럼 깨끗하게 매일 청소했다는 일화가 있다. 히데요시의 이런 정신은 끝내 밑바닥 하인에서 노부나가의 가신에 이르고 훗날 일본을 통일시킨다.

중국 한나라를 세웠던 유방劉邦이나 명나라의 주원장, 프랑스의 나폴레옹 등도 위대한 열정 덩어리였고 마스터 마인드 그룹을 만들어 훌륭히 운영했다. 이들 미친 조합의 공통점은 나의 성공 시스템을 잠재적으로 실천했다는 데 있다. 그들의 야망은 '긍정적인 올바른 마음가짐' PMA를 일상화했고 마스터 마인드 그룹을 이끌었고 생생하게 꿈꾸면 이루어진다는 R=VD 기반의 인생 시나리오를 포기하지 않는 광기로 작성하게 했다.

성공 못하면 기적이다

죽음의 각오를
다져라

나의 성공 시스템 단계 6

죽음의 각오를 다져라

"죽음을 기억하는 역발상의 메멘토모리."

누구나 예외 없이 죽는다. 작은 죽음이 있고 큰 죽음도 있다. 가벼운 죽음과 무거운 죽음, 명예로운 죽음과 슬픈 죽음도 있다. 다양한 종말 앞에서 우리는 '죽음을 기억하라.'는 메멘토모리의 교훈을 잊지 말아야 한다.

오늘은 어제의 죽은 그들이 그토록 갈망하던 내일이라고 말했다. 살아 숨 쉬고 있을 때 우리는 무엇이든지 해낼 수 있다. 어차피 죽을 운명인데 용기를 좀 내자! 두려움을 극복하고 멋지게 비상해 보는 것이다. 미친놈이라는 타인의 손가락질 따위는 메멘토모리 앞에서는 너무 보잘것없는 것 아닌가. 용서도 하자. 인내도 해보고 노력도 해보는 것이다. 목적과 목표, 꿈을 위해서 나의 성공을 위해서 어차피 죽을 몸인데 생생하게 꿈꾸던 것을 맘껏 다해보자.

성공한 이들은 자신의 꿈과 목표에 집중했다. 그들은 타인의 시선과 참견을 절대 의식하지 않았다. 왜냐면 광기에 사로잡혀 미쳤기 때문이다. 아니 정확히 표현한다면 그들은 자신이 죽을 것을 이미 알고 있기에 자존심이나 창피, 무안 따위는 생각지 않았다. 거기서 용기가 나온다. 무한한 에너지가 방출되어 열정을 폭발하게 만든다.

이것이 성공에 몰입할 수 있는 역설의 주문 메멘토모리다.

성공 못하면 기적이다

행운을 부르는 기술을
습득하라

나의 성공 시스템 단계 7

행운을 부르는 기술을 습득하라

"간절한 열정과 더 간절한 끈기만이 운의 레벨을 상승시키고 내 운명
을 거부하게 할 수 있다."

7단계는 운을 내 것으로 만드는 방법이다. 우리는 가끔 횡재를
꿈꾸기도 한다. 가장 손쉬운 예가 복권 당첨이 아닌가 싶다. 전혀
예상하지 못하고 있는 벼락같은 행운의 주인공이 되면 어떨까?

미국의 복권 양대산맥인 메가밀리언과 파워볼의 로또가 세계적
으로 가장 많은 당첨금을 배출하고 있다. 역대 최고의 금액은 한화

로 무려 1조 8천억 원에 해당하는 15억 8,600만 달러로 미국의 파워 볼에서 2016년 1월에 터져 나왔다. 파워볼은 1~69 숫자 중 5개를 맞히고, 다시 1~26 숫자 중 또 다른 하나red powerball를 추가로 맞혀 야 하는 게임이다. 당첨 확률은 2억 9,200만 분의 1이라고 한다국내 로또의 경우 약 815만분의 1. 과연 이러한 로또 같은 엄청난 일이 내 생 전에 벌어질 수 있을까?

당연히 머지않아서 그런 일은 벌어질 수 있다. 단 상상의 공간 메타버스를 통해서일 것이다. 김이 빠졌는가? 그러나 정확히 인식 해야 한다. 그 상상의 가상공간을 창조하는 그것이 누구인가?

바로 메타 사피엔스로 변모한 인간들이다.

앞으로 메타버스의 공간에서는 상상도 할 수 없는 경험을 하게 될 것이다. 당신은 사상 최고액의 로또에도 당첨되고 가장 아름다 운 여인 혹은 가장 멋진 남자를 만날 수 있으며 슈퍼맨과 원더우먼 도 될 수 있다. 세계 구석구석을 여행할 수 있으며 야생동물들과도 교감할 수 있다. 원시인이 될 수도 있으며 우주비행사가 되기도 한 다. 과거와 미래를 내 마음대로 이동할 수 있다. 내가 원하는 모든 세상을 만나게 된다.

이런 자유로운 세상을 내가 누리기 위해서라도 성공이 필요하 다. 당신이 앞선 1단계에서 6단계까지 열심히 실천해왔음에도 불 구하고 아직도 프롤레타리아proletariat 계급에서 벗어나지 못하고 있다면 운명을 바꾸어야 한다.

내 운세를 바꾸는 최고의 비결은 바로 '간절함'이다. 정해진 운명의 틀을 벗어나기란 쉽지 않다. 그것은 어떤 역술가도 해낼 수 없는 영역이다. 운세를 바꾸는 유일한 길은 내 자신에게 있다. 내 마음은 내가 마음대로 할 수 있지 않은가. 내가 조종하고 통제하는 마음을 간절함으로 바꿀 수만 있다면 운의 레벨을 높일 수 있고 내 인생도 달라질 수 있다. 내 자신이 자각自覺하고 인정하고 끈기와 열정을 발휘하면 된다.

운명의 여신 포르투나도 분명히 선언하지 않았던가. 운명을 새롭게 변화시킬 수 있는 힘은 간절한 열정과 더 간절한 끈기라고.

인문 철학과
놀아라

> **나의 성공 시스템 단계 8**
>
> 인문 철학과 놀아라
>
> "그래야 차원이 다른 성공자로 거듭날 수 있다."

8단계는 통찰력을 갖고 인간과 모든 사물에 대한 근본적 탐구를 시도하라는 것이지만 이런 광범위한 문제를 보다 단순하게 적용하여 풀이하면 다음과 같다.

인간답게 살자.

제발 짐승처럼 혹은 인간임을 포기하는 작태로 삶을 유지하는 일 따위는 하지 말자는 취지이다. 가끔 인성을 포기한 위인들이 주변에 등장한다. 타인을 배려하지 않고 자기중심적이고 이기주의적인 삶을 살아가고 있다.

게임만 하지 말라는 엄마의 잔소리가 듣기 싫어서 가출하고 혹은 폭력적으로 돌변하기도 한다. 이별을 통보한 연인과 그 가족을 무참히 살해한 사이코패스가 등장하기도 하고 경제난 때문에 어린 자식들을 살해하고 자신들도 목숨을 끊는 비정한 부모들도 있다. 보험금을 노리고 배우자 혹은 가족을 상대로 범죄를 계획하기도 한다. 층간 소음으로, 단순히 어깨가 부딪쳤다는 이유로, 노려봤다고, 심심하다고, 묻지마 폭력이 난무하기도 한다.

이것들은 비사회적, 비도덕적 만행이다. 인문과 철학의 결핍으로 생겨난 현상이다. 인문의 바다 위에서 철학을 항해하지 않으면 어떤 성공이라 할지라도 의미가 없다. 마음을 수양하고 통찰의 예기를 소유해야 하는 이유는 어떤 성공보다도 진정한 사람이 되는 것이 성공의 우선과제이기 때문이다. 그래서 사람들은 신앙에 의지한다. 기꺼이 시간과 노력을 투자하여 신을 섬긴다.

맨탈버스 공간에서는 세기의 부호들이 철학자 소크라테스를 절대적으로 숭배하며 재산을 헌납한다. 부호들은 그저 가난하게 독배를 마신 소크라테스를 추모하는 마음에서 재산을 상속하는 것이 아니다. 그는 소외당한 사람들과 지구 환경을 위해서 1,000조를 모금하고 기부한다는 야심에 가득 찬 계획을 발표한 적이 있다. 부호들은 소크라테스의 이러한 철학을 신봉하는 것이다. 그의 정신을 이해하고 추종하기 때문이다.

　우리는 인문 철학이 사라지고 있는 혁명의 시대에 자신의 철학을 위해 죽을 수 있는 용기의 철학자를 기다려왔다. 이때, 어디선가 특유의 묵직한 소크라테스의 목소리가 울려 퍼졌다.

　"리치, 너의 상속 유언장을 공개하겠다. 500억 원! 소크라테스 플라톤 아리스토텔레스 재단에 기부하기로 약정한 금액이다."

균형 잡힌 삶을
살아라

난 분명히 성공할 테니까 그 약속은 유효하다고 당당히 소리치고 싶었다. 나는 이미 '나의 성공 시스템'을 종주했지 않은가.

"이봐 리치, 어째서 500억이라고 기재한 거야? 정말 그 금액이 정확해? 5억이 아니고?"

메타는 기쁨이 넘치는 얼굴로 다시 등장했다. 그의 표정으로 미루어보아 내가 적어낸 금액이 어떻게 산출됐는지 짐작하는 모양이었다.

"난 믿는 구석이 있습니다. 메타가 말씀하셨죠? 머릿속에 어떠한 생각이 떠올랐다면 그건 허무맹랑한 것이 아니고 분명 근거가 있는 것이라고 말입니다."

메타는 유쾌하게 웃었다.

"멘탈버스의 '나의 성공 시스템' 코스가 마무리되는 마당이니 정말 자신만만하군. 다음 9단계는 뭐지?"

이번에는 내가 미소로 응답했다.

"메타가 가장 중요하게 강조하시는 겁니다. 이것으로 적지 않은 성공자들을 배출하셨고 지금도 많은 사람을 인도하고 있지요. 물론 저에게도 크나큰 영감을 주셨고요."

나의 성공 시스템 단계 9
균형 잡힌 삶을 살아라
"잘 살고 사랑하며 배우고 공헌하는 삶의 인생 시나리오."

누구에게나 최고의 인생은 '균형 잡힌 삶'이라고 말할 수 있다. 사실 잘 산다는 의미 하나면 그 모든 것을 포함하는 것이다. 잘 사는 사람은 모든 일에 만족하며 살아가는 사람이라고 정의할 수 있지 않을까. 잘 산다는 말 속에는 사랑하고 배우고 베풀며 산다는 뜻이 담겨 그것들이 아름다운 조화를 이루고 있다. 이 안에 인생의 철학이 담겨있는 것이다.

'성공 못하면 기적 시스템'에는 인문학을 강의하는 백발의 신사 아폴론Apollo이 있다. 미래를 보는 혜안과 명찰함으로 인해 붙은 명칭이다. 그는 인생의 지표 7가지를 명시했다. 그가 정한 것이 아니고 존 가드너란 교육자이자 고위 공무원이었던 행정가가 수집한 내용을 바탕으로 정리한 것이다.

아폴론에 의하면 존 가드너는 연설에 인용하기 위해서 짧고 강렬한 메시지를 주로 많이 찾았다고 한다. 그 과정에서 수많은 사람이 인생에서 가장 중요한 단어로 3가지를 손꼽는다는 사실을 알게 되었다. 바로 아래의 세 가지 단어들이다.

1) live살아라
2) love사랑하라
3) learn배우라

이 세 가지 외에는 사람들의 의견이 일치하지 않고 각기 달랐다고 한다. 너무나 다양한 단어들이 난립 되었다. 존 가드너는 고심하던 중에 마침 철학자들의 모임에 초대를 받게 되었다. 철학을 연구하는 사람들이니만큼 나머지 단어에 대한 기대감으로 설레었다. 그렇게 만난 철학자들의 의견이 모여져서 4개의 단어가 더 탄생 되었다.

4) think생각하라
5) give주어라
6) laugh웃어라
7) try시도하라

'성공 못하면 기적 시스템'의 아폴론은 이 7개의 단어가 바로 균형 잡힌 삶의 전부라고 강조했다. 절대다수의 사람들과 철학자들이 선택한 단어로 이뤄져있다. 이것이 인문 철학이고 진리이다. 아폴론은 그리스 로마 신화에서 지혜의 신답게 풍부한 지식과 통찰력이 뛰어난 노신사로 메타의 시스템에서는 매우 존경받는 어른이다. 그는 올바른 네트워크 마케팅의 인문 정석을 알기 쉽게 강연하는 것으로 메타의 시스템에서 매우 중요한 역할을 담당했다.

나는 조심스럽게 메타를 응시하며 단어 하나를 추가하고 싶다는 의견을 내었다. 메타는 왜 그런 허락이 자신에게 필요한지 모르겠다며 마음대로 하라고 했다. 하기야 여긴 자유로운 상상이 이루어지는 공간이니까.

8) play놀아라

사실 나는 'act행동하라'란 단어를 선택하고 싶었다. 그것은 내가 하지 않았던, 하지 못했던 행동이었다. 움직이지 않으면 어떤 일도 벌어지지 않는다. 생각만 하고 있으면 절름발이인 것이다. 궁핍할 수밖에 없는 나의 지금은 행동하지 않고 실천하지 않은 데 그 원인이 있다. 그렇지만 이미 7) try시도하라가 있었다. 그 단어에 이미 노력하고 애쓰라는 행동 철학이 담겨있다. 따라서 나는 8) play놀아라를 추가했다.

메타는 비로소 내가 왜 허락을 구했는지 알게 된 눈치였다. 그

성공 못하면 기적이다

것은 사실 '놀아라.'라는 말이 평소 메타가 즐겨 강조했던 단어였기 때문이다.

혹시 오해할 수도 있겠지만 '논다, 놀이, 놀아라'는 그냥 무위도식無爲徒食하라는 것이 아니고 진정으로 놀아보라는 것이다. 아무 생각 없이 시간만 죽이는 일은 놀이가 아니다. 그건 전혀 생산적이지 않다.

메타는 놀아도 아주 잘 노는 것이 필요하다고 했으며 그래서 본사 사옥을 건축하는 데도 플레이 기능을 최우선으로 고려했다. 놀이공원에 사무실을 배치한다는 마음으로 건축을 해달라고 건축가에게 부탁했다고 한다. '성공 못하면 기적 시스템' 본사 직원들은 근무시간에 관계 없이 즐거운 놀이를 선택할 수 있도록 자유를 부여했다. 수영장을 이용하거나 말을 타거나 심지어는 부서끼리 축구나 농구를 하기도 한다. 근무처인지 놀이터인지 분간이 가지 않지만 메타는 그런 환경을 조성해 주었다.

"잘 놀아야 일도 잘한다."

잘 노는 사람이 일도 잘한다는 판단이 메타에게는 있었다. 본인이 그런 사람이었기에 그렇게 믿고 강행할 수 있었다. 그리고 진짜 그런 일이 발생했다. 플레이는 일에 대한 결의와 몰입을 위한 일종의 워밍업이다. 준비 단계인 것이다. 메타의 유통기업은 직원 1인당 생산력이 다른 유사 기업들과 비교하여 월등하다.

이 회사의 특징 중 하나는 정해진 좌석이 없고 직급도 자율적으로 정한다. 가장 흥미로운 점은 해외 출장도 본인이 그냥 정하고 떠난다는 것이다. 모든 출장은 선행하고 후後보고하는 방식이다. 글로벌로 나가는 기업이니만큼 해외에서 마음대로 놀고 오라는 규칙 아닌 규칙이다. 이런 경영 방식은 메타의 차원을 초월하는 정신세계에서 탄생한 것은 분명하다.

메타가 그토록 강조하고 절규하는 균형 잡힌 삶은 '나의 성공 시스템'에 매우 중요하다.

성공 못하면 기적이다

나를
사랑하라

마침내 '나의 성공 시스템'의 종착지에 도달했다. 성공할 수밖에 없는 10개의 단계를 정리해보도록 하겠다.

1) 사람다운 사람이 되어야 한다.

2) 차원이 다른 꿈과 목표를 설정하라.

3) 나의 인생 시나리오를 구성하라.

4) 성공의 고전 공식을 응용하라.

5) 집단지성을 발휘할 그룹을 찾아라.

6) 죽음의 각오를 다져라.

7) 행운을 부르는 기술을 습득하라.

8) 인문 철학과 놀아라.

9) 균형 잡힌 삶을 살아라.

10)　　?

　　메타는 비어있는 10번 항목에 대해서 의문을 표시했다. 멘탈버스의 '나의 성공 시스템'은 그 9가지 단계만 실천하면 무조건 성공이 보장되는데 10단계는 무엇이란 말인가? 나는 메타의 궁금증을 해소해주었다.

　　"마무리 10번째 단계를 정해주실 분을 기다리고 있습니다. 나의 성공 시스템을 완벽하게 정리해주실 분이시지요."

　　그때, 멀리서 미래형 슈퍼 스포츠카 한 대가 미끄러져 왔다. 마치 부가티 시론 슈퍼 스포츠형 모델과 같은 고가의 맵시를 뿜어내는 차량의 지붕이 오픈되면서 운전석의 신사가 손을 흔들었다. 메타와 나는 명품 선글라스에 고급 정장을 차려입은 신사를 처음에는 알아보지 못했다.

　　"소크라테스?"

　　우리가 그 위대한 철학자를 확인한 것은 그가 맨발로 차량에서 내렸기 때문이다. 그의 변신은 너무나 완벽했다. 만일 명품 구두만 신었더라면 그가 아테네의 철학자라고 알아볼 사람이 절대 없었을 것이다.

　　"'나의 성공 시스템'이 완성되는 중요한 자리이니까 당연히 참석해야지. 그들도 곧 도착해. 내 차의 속도가 그들보다도 좀 빨라서 먼저 왔을 뿐이야."

함께 멘탈버스를 감상한 사람들은 소크라테스가 말한 그들이 누구인지 짐작할 수 있을 것이다. '나의 성공 시스템'을 통과하면서 만났던 동기 부여와 성공학의 전설적인 대가들, 데일 카네기와 나폴레온 힐이었다. 그들 역시 대단히 고급스러운 자동차, 롤스로이스를 타고 등장했다. 개인적으로 볼 때 모두가 어마어마한 성공자들이었으나 유독 소크라테스만 부정했다.

"난 철학자이지 성공한 부자는 아니다."

나는 그의 말을 반박했다.

"멘탈버스 공간에서는 세계 최고의 자산가시잖아요."

"틀렸어. 난 단지 부자들의 유산을 잠시 관리해줄 뿐이다. 지구상에서 가장 필요로 하는 부분에 그 돈을 배달하는 심부름꾼에 불과하다."

"세상에 이렇게 화려한 심부름꾼은 본 적이 없어요."

세계에서 가장 비싼 차로 보이는 슈퍼 스포츠카에 명품을 두르고 등장한 소크라테스는 아테네에서 철학을 강연하며 떠돌던 가난한 소크라테스와 비교도 되지 않았다.

"이 부富의 촉감에 어떤 철학적 요소가 있는지 시험 중이다. 황금의 돈맛이 과연 나의 사상에 어떤 영향을 미치는지 그것을 해부하고 싶은 거야."

데일 카네기가 버릇대로 은테로 만든 안경을 만지작거렸다.

"미스터 소크라테스, 그래서 해답을 얻으신 겁니까?"

대 철학자 소크라테스는 1초도 걸리지 않고 대꾸했다.

"돈이 좋긴 좋아."

아, 그렇구나. 철학자도 돈이 좋다고 말하는구나. 그 뜻은 부자가 훨씬 좋다는 거 아니겠는가. 메타 역시도 자신의 강연에서 서민이 좋지 않다고, 서민 노릇 이제는 그만 좀 하고 한 달에 1천, 2천 5천이나 1억 원씩 벌어가라고 목청을 높이면서 요구했다.

소소하지만 확실한 행복을 꿈꾸는 '소확행'도 있다. 그것을 무시하는 바는 아니나 경제적 소득이 만족스러운 가운데 소소한 행복을 찾는 것은 어떤가?

기왕에 태어난 인생이라면 지구와 국가와 사회에 기여하는 사람이 되어야 적어도 후회 없이 보람 있는 종말을 맞이하게 되지 않겠는가.

그래서 차원이 다른 목표를 설정하라고 강조한 것이다. 평범하게 사는 것을 거부하라. 독창적인 삶을 살겠다고 지금 바로 이 순간부터 결단하고 행동하라. 그것을 위해 아직 미완성으로 남아있는 10단계를 채워주도록 소크라테스에게 부탁한 것이다.

소크라테스는 메타를 비롯한 두 명의 성공 관련 전문가를 불러 모았다. 나는 10단계에 적용될 내용을 숨죽이고 기다렸다. '나의 성공 시스템'의 마지막으로 선택되는 경구는 과연 무엇이 될 것인가? 이윽고 그들은 논의를 끝내고 나를 불렀다.

성공 못하면 기적이다

"리치, 독단의 철학은 욕망에서 나오고 협의의 철학은 대중에게서 나온다네. 우린 나의 성공 시스템을 완성하는 마지막 10단계에 이 문장을 추천하지. 이것은 새로운 말은 아니야. 이미 오래전부터 사람들이 사용하며 익히 알고 있는 단어의 조합이라네. 세상 사람들이 가장 많이 사용하는 단어는 '나'와 '사랑'일세."

나를 사랑하라.

'네 자신을 알라.'가 아니고 이번에는 '나를 사랑하라.'다. 그것이 소크라테스와 메타, 데일 카네기와 나폴레온 힐이 머리를 맞대고 고심해서 '나의 성공 시스템'의 최종 10단계로 정한 것이란 말인가. 사실 나는 마음속으로 어렴풋이 떠올리고 있었던 명언이 있었다. 그것이 마지막 단계에 어울릴 수 있겠다는 생각을 했었다.

'세상에 공짜는 없다.'

중국의 고서에 음마투전飮馬投錢이라는 글귀가 있다. 내용은 말馬에게 물을 마시게 할 때 먼저 돈을 물속에 던져 물값을 지불했다는 뜻이다. 강물에 주인이 없으나 그 무엇도 공짜를 원치 않은 절개 굳은 선비들의 행동이다. 고지식하고 어리석은 행위로 치부할 수도 있다.

유사한 격언이 미국에서도 오래도록 전해 내려왔다. '세상에 공짜 점심은 없다.'란 말의 기원은 20세기 초 미국 동부의 어느 술집이다. 전날 술만 마시면 다음 날 무료 점심을 제공했다는 말에서 유래되었다고 한다. 물론 전날 마신 술값에 점심 비용이 포함되어 있으리라는 것은 뻔한 이치다.

러시아에도 비슷한 말이 '공짜 치즈는 쥐덫에나 놓여있다.'란 속담으로 존재한다.

'세상에 공짜는 없다.'는 다수의 지혜로운 현자들이 왕의 명령으로 고심 끝에 탄생한 인생 원칙이라고 들었다. 고대의 어느 왕이 전국의 현자들을 모아 명령하기를 '백성들이 지혜롭게 삶을 살아갈 수 있는 내용을 책으로 만들도록 하라.'고 했다. 그래서 명석하고 지혜로운 학자들이 고심 끝에 12권의 책을 완성했는데 왕은 분량을 줄이고 압축하기를 원했다. 왕의 집요한 요구에 따라서 12권의 책은 1권으로, 다시 1페이지로, 그리고 마침내 한 줄로 줄여졌다. 그렇게 탄생한 한 문장이 '공짜는 없다.'이다. 처음 이 글귀를 전해들었을 때 나는 감탄을 금할 수가 없었다. 이 문장이 품고 있는 내용이 바로 철학이라고 생각했었다.

세상에 공짜가 있던가?

우리가 누리고 있는 자연과 숨 쉬고 있는 산소며 태양, 물 등도 결코 공짜는 아니다. 지구 환경을 유지시키기 위한 비용을 부담해야 한다. 출생에도 빚이 있다. 부모에게 갚아야 한다. 대가를 지급해야 하고 기회비용, 편익비용이 반드시 부과되기 마련이다. '나의 성공 시스템'에도 원리 원칙으로 삼아야 할 부분이 아닌가.

그런데 소크라테스는 의외의 문장 '나를 사랑하라.'를 선정했다.

266

'나'는 무엇인가? 소크라테스가 나를 손가락으로 가리켰다.

"너는 세상의 중심이다."

그랬던가? 내가 세상의 중심이라고 생각해본 적이 있던가? 단연코 없었다.

"내가 소우주이다."

어느 과학자가 우주와 사람의 뇌, 신체 구조의 유사성을 연구하기도 했으며 종교적으로도 이러한 발상이 표현되기도 했다. 〈DNA에서 우주를 만나다〉닐 슈빈라는 책은 우주와 사람이 일치할 수 있는 다양한 가설을 이론적으로 설명해주기도 했다. 그것은 마치 가상세계에서 무엇이든 가능한 것처럼 인간도 우주와 같은 가능성을 지녔다는 얘기다. 메타는 가능하면 초월자가 되라고 주문했다. 차원을 달리하는 자세가 필요하다고 늘 강조하지 않았던가. 그는 이미 '성공 못하면 기적 시스템'을 완성한 진짜 초월자, 메타이다. 게다가 전설적인 성공학의 대가 데일 카네기와 나폴레온 힐이 아닌가. 이들의 선택을 신뢰하지 못한다면 누구를 믿을 수 있겠는가.

"나를 사랑한다면 모든 단계의 원리 원칙을 수행해나갈 수 있다. 공짜 따위는 절대 바라지 않을 것이고!"

소크라테스는 역시 지혜의 통찰력을 소유한 철인답게 내 정신과 마음을 꿰뚫어보고 있었다.

진정으로 나 자신을 사랑한다면 스스로에게 존중받아야 하며 누구보다도 소중한 존재가 되어야 한다. 우리가 사는 우주 만물과 같이 나는 언제나 관심받고 사랑받아야 한다. 그렇게 되기 위해서는 스스로에게 사랑을 주어야 하고 세상에 관심을 주어야 한다. 나를 사랑한다는 것은 역설적으로 세상을 사랑한다는 의미도 된다.

그렇게 '나의 성공 시스템'의 마지막인 최종 10단계 원리 원칙은 '나를 사랑하라.'로 정해졌다.

나의 성공 시스템 단계 10

나를 사랑하라

"나 자신이 세상의 중심이다. 소우주인 너 자신."

성공 못하면 기적이다

나의
성공 시스템

드디어 '나의 성공 시스템'이 완성되었다. 10단계의 원리 원칙만 이해하고 실행한다면 누구나 다 성공자의 삶을 살아갈 수 있다고 확신한다. '나의 성공 시스템'을 소유한다면 100% 성공을 장담한다. 환희가 가득 차올랐다. 이제는 가난해지고 싶어도 가난해지지 않을 자신감이 차올랐다. 소크라테스에게 지구와 인류를 구원하는 비용을 분담하기로 약속했으니 지켜야 하지 않겠는가. 무려 500억 원을 약속했다.

소크라테스는 손가락으로 하늘을 가리켰다. 그러자 갑자기 굉음이 터지며 하늘에서 불꽃이 피어올랐다. 황홀한 폭죽놀이가 시작되었다. 온통 아름다운 불꽃이 파랗고 빨갛게, 때로는 보라색의 향연으로 하늘을 수놓았다. 마치 성공자가 된 나를 축하하는 것처럼.

내가 황홀경에 취해 있을 때 소크라테스가 품 안에서 무엇인가를 꺼내려 했다.

"너에게 이것을 주고 싶었다."

그가 장난처럼 꺼내 보여준 것은 '사랑' 손가락 하트 표시였다. 그런데 놀랍게도 그 사랑의 표식은 나비처럼 날아와서 내 심장으로 스며들었다. 눈에 보이지 않은 감정이 고스란히 전달됐다. 심장은 사랑의 감동으로 벅차올라서 하늘 높은 곳에서 터지는 불꽃이 되었다. 아름답고 찬란하게 끊임없이 온 세상을 뒤덮는 것만 같았다. 소크라테스의 명료한 음성이 없었다면 난 아득히 멀어진 정신을 수습하지 못했을 것이다.

"성공자의 사랑으로 세상을 구원하라는 의미지."

마치 자신에게 약정한 금액을 잊지 말라고 강조하는 것 같았다. 예전 같으면 상상할 수도 없는 자세가 나에게 나타났다. 이것이 10단계의 성공 원리를 익힌 자의 태도가 아니겠는가.

"나의 성공 시스템은 나를 사랑하는 것에서 비롯되는 것이지요. 그러므로 세상에 돌려줘야 합니다."

옆에서 지켜보던 메타는 문득 근엄한 표정으로 익살맞게 표현했다.

"진짜 통과!"

나의 성공 시스템을 100% 완성했다는 메타의 선언은 '진짜 통과'였다. 앞으로 나의 인생에 10단계의 원리 원칙을 완벽히 적용하게 되면 나 역시 메타의 '성공 못하면 기적 시스템'과 같은 위대한

270

시스템을 구축할 수 있는 것이다.

메타는 이별을 앞두고 두 팔을 널찍하게 벌렸고 난 그의 품 안에 뛰어들었다. 메타가 내 귀에 속삭였다.

"성공의 10단계를 완성하고 통과했으니 당신은 이제 성공자입니다."

나는 '성공자'란 단어에 가슴이 벅차올랐다. 돈에 대한 절망은 이제 끝나고 찬란한 미래가 희망으로 가득하였다.

왈칵 눈물이 새어 나오려고 눈시울이 붉어졌다. 멘탈버스에 안내되었을 때 내 초라한 아바타가 생각났다. 불안하고 두려웠던 아바타인 내가 10단계 원칙을 깨닫자 모든 것이 달라졌다.

'나의 성공 시스템'만 기억한다면 그 어떤 세상 시련도 두렵지 않다. 가난한 현실도, 재난과 같은 오늘도 극복해낼 수 있다. 나는 이미 지구 구하기 분담금과 인류를 위한 지원금을 지불한 차원이 다른 성공자이다. 나는 그렇게 살아가기로 결단하고 행동에 옮길 것을 다짐했다. 죽음도 두려워하지 않는 철학적 용기와 결단이 내게 있다.

멀리 새벽 햇살이 창가의 틈새로 하늬바람과 함께 스며들었다. 멘탈버스의 출구가 보였다.

'나의 성공 시스템'을 완성하셨습니다. 종료합니다.'

에필로그

21세기 4차, 5차 산업화에 있어서 다수의 학자는 호모 사피엔스 homo sapiens와 포노 사피엔스phono sapiens의 시대를 넘어서 이제 메타 사피엔스meta sapiens의 시대가 온다고 역설하고 있다.

가상공간과 현실 세계를 넘나드는 초유의 인류가 등장하게 된 것이다. 이런 메타버스의 기원이 SF 소설에서 출발되었다는 사실을 우리는 알고 있다. 〈스노 크래시〉닐 스티븐슨, 1992년와 〈뉴로맨서〉 윌리엄 깁슨, 1984년 등의 작품에서 '사이버 스페이스'와 '매트릭스'라는 용어들이 등장한다. 작가적 상상력이 만들어낸 눈으로 보이지 않는 세계가 마침내 구현된 것이다.

스마트폰 시대를 열었던 스티브 잡스도 애니메이션 영화사 픽사PIXAR를 운영하며 창작의 가치를 존중했던 문화의 선각자였다.

성공 못하면 기적이다

무한한 상상의 힘이 결국 가상의 세계를 창조하고 문명을 미래로 인도한다.

인류의 미래는 우리가 생각하고 상상하는 그 이상으로 급변하고 있다. 얼마 전 방송에서는 이미 고인이 되어버린 아내를 디지털 작업으로 복원하여 남편과 아이들을 재회시키는 프로그램을 방영했다. 충격적이기도 했으나 감격은 오래 지속 되었다.

차원을 초월한 메타버스 가상공간에서는 어떤 기적도 창조가 가능할 것으로 판단되었다. 이 새로운 형태의 공간이라면 평범한 개인도 성공할 수 있는 신화를 보다 간편하게 실현할 수 있는 세상이 구축 가능하다.

'나의 성공 시스템'

우리에게 시스템이란 어쩌면 낯선 단어이다. 그러나 경이롭게 변화하는 사회의 소용돌이에서 우리는 생존이 보장되지 않는 위험에 노출되어있다. 개인이 소유한 소득 시스템에 따라서 부富의 기준과 성공의 계급이 형성된다. 시스템을 소유한 사람과 시스템이 없는 사람의 격차는 시간이 갈수록 벌어지게 된다.

세계적인 석학 피케티는 근로소득으로는 절대 자본소득을 이길 수 없다고 통계학적 근거에 따라 발표했다. 즉 노동을 통해서 벌어들이는 수입이 자본소득 시스템을 가지고 있는 소득자를 능가하지 못한다는 뜻이다.

"나의 성공 시스템을 구축하라!"

지상 과제다. 시스템 소득이란 일종의 자본소득에 해당한다. 돈을 벌기 위해서 내 노동과 시간을 소모하지 않아도 꼬박꼬박 발생하는 수입이다. 건물의 월세나 인세, 저작권료 등과 같다고 할 수 있다.

근로소득과 사업소득 외에는 모두 불로소득의 범주라고 규정하는 사람이 있다면 그는 시스템 소득의 진정성을 모르는 사람이다. 시스템 소득은 그냥 저절로 구축되지는 않는다. 시스템을 구축하기까지 처절한 노력과 철저한 전략이 필요하다.

PMA가 원칙이다. 메멘토모리가 필요하다. R=VD도 요구된다. 그러나 중요한 점은 누구나 할 수 있고 가능하다는 것이다.

앞으로의 미래는 플랫폼을 소유하는 자의 세상이라고 하였다. 그렇기에 우리는 꼭 '성공 못하면 기적 시스템'으로 가야만 한다. 바로 그것이 당신의 플랫폼이기 때문이다.

당신의 플랫폼에서 나의 성공 시스템을 구축하라!

R
E
F
E
R
E
N
C
E

참고 서적 및 인용

김도윤, 〈럭키〉, 2021, 북로망스.

나폴레온 힐, 〈놓치고 싶지 않은 나의 꿈 나의 인생〉, 2020, 국일미
디어.

나폴레온 힐, 〈생각하라 그리고 부자가 되어라〉, 2021, 반니.

나폴레온 힐, 〈성공 철학〉, 2020, 국일미디어.

닐 슈빈, 〈DNA서 우주를 만난다〉, 2015, 위즈덤 하우스.

다사카 히로시, 〈운을 끌어당기는 과학적 방법〉, 2020, 김영사.

데일 카네기, 〈성공 대화론〉, 2009, 리베르.

데일 카네기, 〈인간관계론〉, 2020, 스타북스.

로버트 기요사키, 〈부자 아빠 가난한 아빠〉, 2018, 민음인.

로버트 풀검, 〈내가 정말 알아야 할 모든 것은 유치원에서 배웠다〉,

성공 못하면 기적이다

2018, 알에이치코리아.

보도 섀퍼, 〈멘탈의 연금술〉, 2020, 토네이도.

브라이언 트레이시, 〈백만불짜리 습관〉, 2005, 용오름.

사이토 히토리, 〈부자의 운〉, 2020, 다산북스.

스티븐 코비, 〈성공하는 사람들의 7가지 습관〉, 1994, 김영사.

애터미 주식회사, 〈애터미 DNA〉, 2021, 중앙일보에스(주).

앤절라 더크워스, 〈그릿〉, 2016, 비즈니스북스.

우치다 카즈나리, 〈생각을 뒤집어라〉, 2006, 3mecca.com.

유광남, 아름다운 마케팅을 찾아서, 2018, 티브이펀.

유발 하라리 외, 〈초예측 부의 미래〉, 2019, 웅진지식하우스.

윤정구, 〈초뷰카시대〉, 2022, 21세기북스.

이성연, 〈애터미 성공학 개론〉, 2022, 유토피아북.

이지성, 〈꿈꾸는 다락방〉, 2007, 국일미디어.

임상국, 〈나부터 작은 것부터 지금부터〉, 2017, 행복에너지.

정진홍, 〈인문의 숲에서 경영을 만나다〉, 2007, 21세기북스.

정회도, 〈운의 알고리즘〉, 2021, 소울소사이어티.

제임스 클리어, 〈아주 작은 습관의 힘〉, 2019, 비즈니스북스.

지그 지글러, 〈정상에서 만납시다〉, 2006, 선영사.

짐 퀵, 〈마지막 몰입 나를 넘어서는 힘〉, 2021, 비즈니스북스.

찰스 해낼, 〈성공의 문을 여는 마스터키〉, 2009, 샨티.

최인호, 〈상도〉, 2020, 여백.

미하이 칙센트미하이, 〈창의성의 즐거움〉, 2003, 더난.

켄 블랜차드 외, 〈칭찬은 고래도 춤추게 한다〉, 2014, 21세기북스.

토마 피게티, 〈21세기 자본〉, 2014, 글항아리.

한국메타버스연구원, 〈세상을 바꾸는 메타버스〉, 2021, 미디어북.

헬렌 켈러, 〈사흘만 볼 수 있다면〉, 2013, 두레아이들.

도서 외에 기타 신문과 위키백과 등

*영감을 준 작가들과 출판사에 고개 숙여 감사드립니다.

성공 못하면 기적이다

멘탈버스로 떠나는 성공수업

초판 1쇄 인쇄 2023년 2월 6일
초판 1쇄 발행 2023년 2월 20일

지은이   유광남
펴낸이   이종문(李從聞)
펴낸곳   국일미디어
등 록   제406-2005-000029호
주 소   경기도 파주시 광인사길 121 파주출판문화정보산업단지(문발동)
          서울시 중구 장충단로 8가길 2(장충동 1가, 2층)

영업부   Tel 031)955-6050 | Fax 031)955-6051
편집부   Tel 031)955-6070 | Fax 031)955-6071

평생전화번호   0502-237-9101~3

홈페이지   www.ekugil.com
블 로 그   blog.naver.com/kugilmedia
페이스북   www.facebook.com/kugilmedia
이 메 일   kugil@ekugil.com

＊값은 표지 뒷면에 표기되어 있습니다.
＊잘못된 책은 구입하신 서점에서 바꿔드립니다.

ISBN 978-89-7425-877-1(03320)